翻轉思考力的日本哲學

從哲學史、名著到專門用語，有助自我實現的5大工具

小川仁志——著
游韻馨——譯

世界のエリートが学んでいる
教養としての日本哲学

序　捨棄 Cool Japan，擁抱 Tool Japan

每次在網路上聽世界領袖與名人的專訪內容，總是能聽到一些有趣的發言。美國特百惠公司（Tupperware）執行長里克．高因斯（Rick Goings）在接受《FORTUNE》雜誌網路版專訪時，表示他曾經學佛，學佛的經驗也影響了他的經營理念。

事實上，不少領袖菁英都曾經大力讚賞日本思想。**最有名的例子包括美國老羅斯福總統（Theodore Roosevelt）讀了《武士道》之後深受感動，將此書分送給自己的朋友。最近的例子則是已故蘋果創辦人賈伯斯（Steven Jobs）生前熱衷參禪**，他最愛讀的書是禪學思想名著《射藝中的禪》（Zen in the Art of Archery，另一譯本題為《弓與禪》）。說到這個，谷歌（Google）、臉書（Facebook）等知名矽谷企業也將禪列入企業的研修課程之中，積極學禪。

全球頂尖菁英中，不少人學習日本思想與哲學，並將其精髓運用在企業經營與政治上。有一次我到美國參加某個日本研究學會的會議，就遇到企業界人士報名參加。一般來說，這是研究日本的專家學者才會參與的學會，但那位企業界人士報名會議的目的，是要學習如何與日本企業做生意。不僅如此，他對日本思想十分感興趣，不斷請教我的意見。仔細想想，不只是美國，歐洲和亞洲國家的主要大學也開設了日本學課程。其中以介紹佛教和禪的日本思想最受歡迎。

二〇一五年，歐洲成立了專門研究日本哲學的團體，名為ENOJP（European Network of Japanese Philosophy）。創始成員大多是歐洲的年輕研究家，於該年十二月在西班牙舉辦第一屆研究大會。我很榮幸擔任該團體的顧問委員，參與那次的大會。我遇見許多來自世界各地的研究者，重新感受到日本學的潛力。

日本是全球數一數二的經濟大國，也是世界上最受歡迎的觀光國家，日本文化與思想受到全球關注是理所當然的事情。全球菁英都知道凡事有其最基礎的思想理論，他們也清楚日本的強盛與魅力，深受其基礎思想的影響，這是他們學習日本哲學，藉此豐富教養底蘊的原因。

話說回來，本書中我以日本哲學一詞取代日本思想。原因無他，從西方社會的立場來看——說得精準一點，應該是從日本以外的國家立場來看——日本思想是Japanese Philosophy，也就是日本哲學。在日本，哲學一詞指的是西方的哲學，或是明治時代以後，西田幾多郎創設的京都學派哲學。這一點可說是日本人的「常識」，但其他國家的人並不知道這一點。

自己國家孕育出來的智慧，我們可以大方稱之為「哲學」。如今全世界的人或許比日本人自己還要清楚，Japanese Philosophy（日本哲學）不只是神道與佛教，還包括現代思想。

現今讓人有些困擾的是，日本人不了解的不只有日本哲學的意義；更嚴重的是，無論稱為日本思想或日本哲學，**日本人對於自己國家孕育出來的智慧，已成為全球菁英學習鑽研的重要教養這項事實一無所知。**

我之所以想寫本書，就是這個原因。如今日本文化以「酷日本」（Cool Japan）之名重新包裝，打入全世界；但這樣的作法不過是在銷售商品。**我們該做的不是單純銷售，而是應該將日本獨特的思考法當成武器，與世界奮戰。**其中當然也包括「銷售」這樣的行為，但不該將銷售當成一切。

只要融會貫通日本獨特的思考法，也就是本書所說的日本哲學，我們就能做更多的事情。想在全球化時代努力奮戰，必須擁有獨特的方法。日本哲學就是讓你脫穎而出的手段。捨棄Cool Japan，擁抱Tool Japan。我們現在最需要的是創造長足的進步，想要達到這一點，我們可以以日本哲學為武器，與全球菁英奮戰。

世界菁英普遍學習的西方哲學，與可發揮日本人獨特性的日本哲學，若能結合兩者的智慧，就能培養出全球化人才。關於這一點，在本書的最後會再度闡述。

本書章節構成

容我在此先為各位介紹本書的章節構成。本書共有五章，第一章闡述日本哲學的歷史概要。我認為無論學習任何知識，從歷史的時間軸中統整來龍去脈，較容易理解吸收。

第二章介紹日本獨特的思考法。我將日本人特有的思考設定為一種方法論，同時做出一些詮釋，使其成為實用的手段。第三章的主題在於解說日本哲學名著，選出全球菁英必讀的經典文獻。

第四章介紹日本哲學界的重要人物。第五章介紹日本哲學中的必備用語，這些都是會出現在日本人日常對話中的人名和用語。我希望在本章讓各位學習到最基本的哲學知識，避免現實生活中聽到這些人名和用語時，陷入「欸？他是誰？」或「那個用語是什麼意思？」的窘境。

下頁圖示為本書體系的示意圖，請各位參考。

【體系圖】

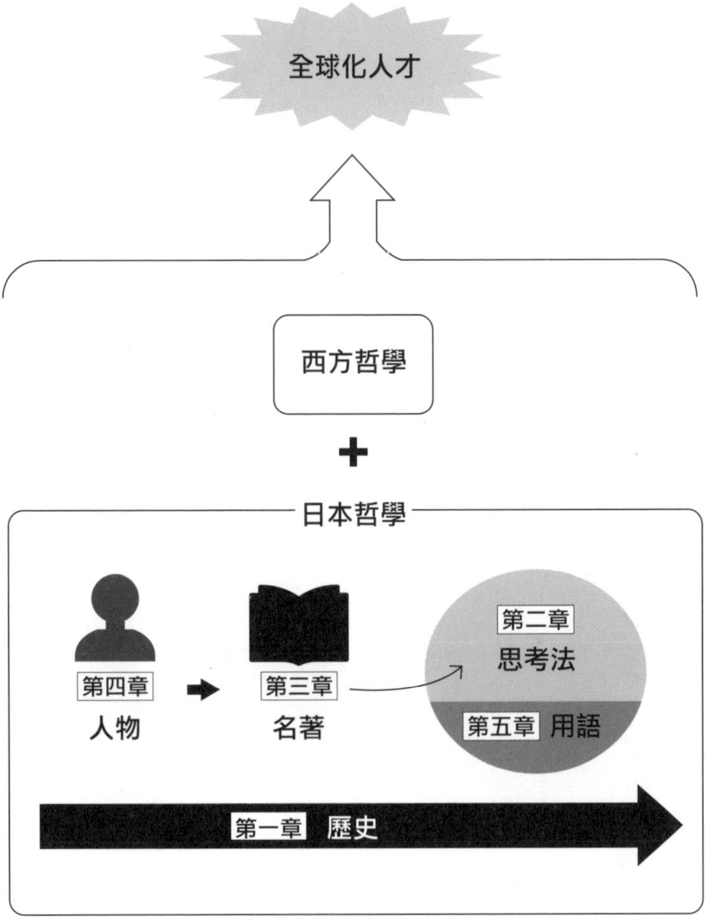

第1章

日本哲學的歷史

依時間軸統整日本哲學發展歷程

▼神道

神道是日本固有的民族宗教，在外國人的眼中是一種充滿神祕氣息的思想。感覺神祕的原因在於，神道不同於西方的宗教，它沒有教義與經典。關於這一點，小泉八雲——亦即拉夫卡迪奧·赫恩（Lafcadio Hearn）——曾經表示，正因為沒有教義與經典，所以日本神道有一個西洋宗教沒有的優點，那就是日本神道具備宗教特有的寬容大度與柔軟性。

話說回來，神道原本只是單純的自然崇拜，後來才逐漸發展成與佛教並駕齊驅的日本代表思想。**來自外國的佛教日漸普及，成為實質上的日本國教，神道之所以能在此過程中倖存下來，正是因為其對於其他宗教的包容性。**

日本的神道究竟是如何形成的？人們對於神祇的信仰最早來自於原住民族，當時原住民族為了維持部落的安寧，自然而然地發展出敬仰之心。

這個階段的神道崇拜自然，稱為原始神道（古神道）。

我先前說過神道沒有教義，但可以確定的是神道起源於自然崇拜，是認為萬物皆有神的八百萬神信仰。在神道思想中，人類是八百萬神孕育出來的生命，自然要對萬物抱持感謝之心。

天武天皇時期，神道面臨了重要轉機。當時天皇塑造了神話意識形態，確立天皇是神的子孫，因此十分重視神道，認為神道應該與佛教一起成為建構國家的基礎思想。一般將此神話意識形態稱為「記紀神話」，具體是指撰寫於八世紀初期，日本最早的史書——《古事記》和《日本書紀》。

事實上，這兩本書無論在形式或內容都不一樣，但當時正是根據法律進行統治，建立古代律令國家的完成期，天皇必須針對國內外明確塑造以自己為中心的全新國家形象。最重要的是，這個全新的國家形象必須與神祇有關。自此之後，《古事記》和《日本書紀》描述的故事讓日本一直到現在，都被外界視為「神之國」。

這些以歷史為名的故事是鞏固國家統一性，確立國家形象的手段，也是世界各國都愛用的方法。以日本來說，至少在編纂《古事記》和《日本書紀》的時代，已經達到這個目的。由神祇創造的神之國就是日本的形象。

中世紀之後，神佛習合的觀念普及，日本人逐漸將神道與佛教視為一體，這就是所謂的本地垂跡思想。在此思想中，「佛」經由示現化身方式，以日本神的形態出現。此後，亦**使得神祇從守護共同體的存在，轉化為與佛教一樣救濟個人的寄託**。

不僅如此，受到佛教思想影響，神話和儀式也被外界賦予了意義。根據密宗教誨，闡述神祇信仰意義的《中臣祓訓解》可說是其典型。自此，也形成了以密宗思想解釋神道的兩部神道。伊勢神宮由內宮與外宮兩大社殿構成，這也是兩部之名的緣由。

不過，伊勢神宮形成了獨特的神道思想，即為以外宮的神官為主的伊勢神道，或稱外官神道，這一點也算是受到兩部神道的影響。伊勢神宮是祭祀皇祖神，以國家祭祀為主的神宮，與佛教禮儀截然不同，也因此形成了與兩部神道相異的神道。具體而言，伊勢神道重視人類敬仰神的心，墨守傳統神祇祭祀的形式。

到了室町時代後期，吉田兼俱提倡唯一神道；江戶時代主張神道和儒教調和的山崎闇齋倡議垂加神道；國學家平田篤胤獨尊復古神道。

到了現代，神道已經成為強化民族主義的方法，明治政府制定國家神道政策就是其中之一。明治政府此舉是為了透過神社，教化國民民族主義的國族認同。儘管國家神道在二次戰後解體，但如今內閣閣員參拜靖國神社與政教分離的現狀皆引起非議。

▼佛教

西方國家認為佛教是日本思想，由此可知佛教已成為日本最深植人心的宗教。追本溯源，佛教是西元前五到四世紀，在印度由釋迦創立的宗教。

大乘佛教經由中國、朝鮮傳入日本。順帶一提，大乘佛教是佛教的兩大流派之一，主張眾生平等、慈悲普渡與成佛救世。與大乘佛教相對的，則是以自我頓悟為目標的小乘佛教。

佛教正式傳入日本，是西元五三八年的「佛教公傳」。百濟的聖王為了強化與倭國（當時的日本）的關係，下令贈送欽明大王佛像、佛具和佛教經典。當時倭國的豪門望族將佛當成「蕃神」。蕃神指的是從外國來的神，當時人們認為只要祭拜蕃神並獻上供品就能獲得極大的好處。

這個時候出現了一個問題，那就是蕃神與在來神（本地神）之間的關係。當時掌權的氏族都祭祀著本地的「國神」，他們擔心祭拜蕃神會引起在來神的忌妒。不過，主導百濟外交事宜的蘇我氏戰勝了其他氏族，因此積極推動佛教進入日本。**簡單來說，佛教在當時是權力鬥爭的工具，在很短的時間內變身為日本哲學的主流思想。**

奈良時代遷都平城京，由於佛教興盛，追求國家安定的鎮護國家思想成為基調，後來逐漸擴大為國家佛教。受到僧尼令規定限制，唯有國家公認的官僧才是僧侶，由國家主導所有佛經（包括佛教教誨與注釋等所有資料，亦稱為大藏經）的書寫工作，甚至從聖武天皇以降，天皇都在退位後出家。此外，這個時期還派遣遣唐使，開始直接從唐朝學習佛教教義。同時也興建了許多佛寺，製作大佛佛像更充分突顯出鎮護國家的佛教地位。

奈良末期，開始出現實施鎮護國家政策的後遺症，佛教界與政治陷入錯綜複雜、難以切割的局面。僧侶道鏡干預政治引發醜聞，便是最具代表性的例子。幾經反省，平安時代初期開始重視遵守戒律、潛心修行的僧侶。表現最出色的兩位僧侶——最澄與空海，便在此時登上歷史的舞台。他們兩位都是遣唐使，到唐朝學佛，吸收最新的佛教思想。

首先介紹創立天台宗的最澄。他秉持法華一乘的思想，統合具有代表性的佛教思想。法華一乘才是通往頓悟世界的「直道」。

相較之下，開創真言宗的空海則致力於拓展密宗。包含天台在內的其他所有佛教皆屬於顯教，密宗指的是與顯教相對的概念。密宗的教誨十分隱晦，不容易理解；顧名思義，「顯」教的教義淺顯易懂，指的是任何人都很容易理解的佛教。

進入鎌倉時代後，佛教全面普及，不再是部分特權階級的宗教，庶民百姓也能信仰。追根究柢，神祇信仰是以民族部落的穩定為前提，但佛教不同，佛教的特質在於個人可以信仰修行，這對培養個人意識有不少貢獻。

隨著佛教普及，不少偉大僧侶成為鎌倉佛教的幕後推手，包括臨濟宗開祖榮西（同時也是禪宗確立者，關於這一點將在後文詳述）與曹洞宗開祖道元。最重要也最具象徵性的人物是法然。法然改變了淨土教的特質，創立日本淨土宗。他也將在心中觀想阿彌陀佛相好莊嚴的「觀想念佛」，與唸出阿彌陀之名的持名念佛（南無阿彌陀佛）融為一體。

法然成功的背後存在著末法思想的影響。末法思想指的是釋迦如來入滅後，經過正法、像法、末法三個時期，佛教也隨著時期更迭逐漸衰退的看法。日本的末法時期始於十一世紀中期的平安時代末，這個時代充斥著權力鬥爭，使社會陷入不安，人民紛紛逃離末法，尋求淨土的慰藉。

法然的弟子親鸞繼承了法然的淨土宗後，以自己的方式調整改良，成為後來的淨土真宗。他認為相信阿彌陀佛，對往生淨土的信仰是阿彌陀佛所賦予，可說是絕對他力的思想。最後衍生出惡人更應該獲得阿彌陀佛優先救贖的思想，提倡惡人正機說。

相較之下，日蓮是致力於《法華經》革新，正面批評法然的代表性人物。日蓮認為只要唱《法華經》的題目「南無妙法蓮華經」，就能獲得現世利益與後世指引，同時主張藉由《法華經》的力量，實現國家安穩。

儘管佛教在此之後沒有重大發展，卻穩紮穩打地深入日本社會，占有一席之地。綜觀日本現代社會，無論是否為佛教徒，一般民眾的喪禮還是遵從佛教儀式。**總的來說，佛教的存在與其說是宗教，倒不如說它已經轉化成一種習慣，深植於日本人的思想根基。**

▼禪

禪是佛教的一部分，但**在全球菁英的心中，禪占有獨特的地位，許多外國人都熱衷學禪**，因此本書特地將禪獨立成一節解說。

禪指的是藉由坐禪在現世開悟的修行方法。最初可回溯至六世紀初，來自印度的菩提達摩在中國向弟子慧可傳授的悟道之法。後來傳入日本。佛教注重詮釋經典，但感受到講壇佛教的發展遭遇瓶頸，為了突破困局，便回歸佛陀原本實踐的修行方式，主張以坐禪為主要修行方法。

臨濟宗開山祖師榮西與曹洞宗開山祖師道元是讓禪在日本普及的重要人物。臨濟宗將禪置於修行的核心位置，同時也積極從事學問研究和密宗修行，是其特色所在。榮西為了宣揚禪宗，迎合權力階級，可說是名符其實的現實主義者。由於這個緣故，靠攏中央政府的臨濟宗特別受到新興的武士階級歡迎，在幕府的保護下日漸壯大。

另一方面，曹洞宗主張「只管打坐」，實踐坐禪，以佛的立場從事佛的修行。道元在南宋接觸到禪，他堅信坐禪不是悟道的手段，坐禪是修行也是悟道，亦即修行與悟道一致的「修證一如」。總而言之，就是窮盡一切明白得悟（＝明得）、正確且充分地說明（＝說得）、毫無懷疑地相信（＝信得），同時奉行自己悟的道（＝行得）。

道元的作風與榮西截然不同，他不依權附勢，隱身在永平寺的山居實踐自己的教義，終其一生貫徹「只管打坐」。對他來說，生活本身就是實踐佛法。主要著作《正法眼藏》是一部多達八十七卷的思想大作，充分宣揚他的禪宗思想，流傳萬世。

禪宗在江戶時代迎接新局。曹洞宗發起回歸道元思想的宗門復古運動，臨濟宗則成立了運用公案引領悟道的白隱禪。公案就是一般所說的禪問答。

最有名的禪問答是「隻手之聲」，內容大致是「雙手互拍會有聲音，一隻手會有什麼聲音？」，通常這類公案是沒有固定答案的。白隱被譽為臨濟宗的中興之祖，也是重建公案體系的重要推手。

禪宗在江戶時期的興盛，催生出近代鈴木大拙的禪學思想。大拙否定分別的思維，主張「無分別之分別」，**進而發展出「個體觀念不過是幻想」的思想**。外界認為他否定了西方哲學中視為理所當然的主觀主義和個人主義，或許這正是吸引西方國家菁英的重要因素。

大拙精通英語，可說是將禪宗推廣至海外的重要功臣。多虧有他，現在才有許多英語版本的禪學書籍。禪也以 Zen 之名，成為國外最有名的日本哲學。我在前言曾經說過賈伯斯是一位虔誠的禪修愛好者，他最愛讀的書《射藝中的禪》，就是透過弓道學禪的德國哲學家奧根·赫立格爾（Eugen Herrigel）所撰寫的思想名著。

▼武士道

武士道也是深受外國人士喜愛的日本哲學。提到武士道，最有名的是明治時代新渡戶稻造撰寫的《武士道》一書。**事實上，最初武士道是戰國時代的戰略兵法。**武士原本只是平安時代後期，侍奉貴族的下級武官，隨著戰亂不斷，社會地位逐漸提升。在此過程中，建構出以高潔的主從關係為基礎的獨特教條與倫理。有鑑於此，武士道可說是完全誕生於日本的思想。

一般認為，室町時代的《義貞軍記》是第一本明確闡述武士生存之道的書籍。這本書介紹的是活躍於鎌倉時代到南北朝時代的武將新田義貞一生的故事，根據書中說法，武士道是弓馬合戰的方法。此說法也賦予武士道專業地位。從弓馬合戰之道的表現方式即可得知，當時闡述的與其說是武士道，不如說是武道更為貼切；追根究柢，武士道就是武道。

小幡景憲在《甲陽軍鑑》明確指出，武士道是一種打贏戰爭的倫理。例如在戰爭剛開始的時候第一個挺身而出，拿著槍與敵人搏鬥的人最勇敢，也最榮耀。

江戶時代進入了長期的太平盛世，武士道原本是為了戰爭而生的思想，但在太平盛世中起了很大的變化。由於江戶時代社會安定，武士們不再需要打仗，因此他們必須在其他地方證明自己。江戶時代儒學家山鹿素行撰寫的《山鹿語類》清楚點出這項事實。山鹿素行認為忠、信、知、義等儒教教義是武士的德目，闡述武士成為民眾典範的必要性。就這樣，武士的職責從士兵大幅轉變為政治上、精神上的領導人。為了與武士道區別，這類思想被稱為「士道」。

相較於此，山本常朝的《葉隱》可說是**企圖在太平盛世實踐武士道原有樣貌的思想**。從《葉隱》中最為人所熟知的「武士道即為知死之道」這句話，即可看出這一點。

當然，武士道並非求死即可，直至死亡這段過程的精神才是最重要的。總而言之，無論是生是死，只要下定決心選擇死亡就能死得其所。身處太平盛世，山本常朝的主張彷彿是說給上戰場的士兵聽的訓詞。不，正因為現實中不可得，才會刻意用極端且純粹的言詞表現。

明治時期以後，由於作為主體的武士已不存在，因此武士道發展成為十足的理念思想。日本在實踐富國強兵政策的過程中，巧妙地結合武士道和民族主義，大聲宣揚武士道的意義。

事實上，武士道論在甲午戰爭前後到達鼎盛。甲午戰爭結束後，一八九八年（明治三十一年），《武士道》雜誌出刊，許多知識分子開始談論武士道。由於這個緣故，武士道被譽為與西方文明分庭抗禮的「世界人類一大精華」。

日本在日俄戰爭贏得勝利之後，充滿國家主義色彩的武士道論成為穩固紮實的思想。當時出現許多個人出版商，例如親自編輯《武士道叢書》的哲學家井上哲次郎就是其中一位。由此我們不難想像，武士道成為包裝在軍國主義之中的民族主義最重要的愛國元素。

除了上述承襲國家主義脈絡的武士道之外，明治時期還出現另一種不同理念的武士道，亦即我在一開頭說過的，由新渡戶稻造撰寫的《武士道》。這本經典名著如今已成為武士道的代名詞，事實上，這與戰國時代以來的傳統武士道流派毫無關係，屬於獨立形成的思想。**新渡戶的《武士道》是基督教徒為基督教所寫的書，因此他的武士道思想才會如此不同。**新渡戶本身是一名基督教徒，他以英文撰寫代表日本精神的武士道，將武士道介紹給外國人，目的是為了說明日本的道德觀念與基督教十分契合。

武士道的歷史十分悠久，也存在著各種不同的武士道，唯一的共通點就是主張勇敢求死和忠於主君。一言以蔽之，武士最重要的就是名譽，熱愛武士道的日本人認為武士道正是理想的生存之道。

▼儒學

儒學在日本真正成為主流思想是在江戶時代以後，其中尤以朱子學最受歡迎。事實上，朱子學早在鎌倉時代就由禪僧極力推廣，在日本思想史中，從佛教改學儒教的藤原惺窩是日本朱子學之祖。

繼惺窩之後，將朱子學發揚光大的是其弟子林羅山。儒學的思想重點在於忠心，德川幕府看上這一點，將羅山納入權力核心。由於這個緣故，儒學很快成為日本的主流思想。

話說回來，活躍於西元前六到五世紀的孔子開創的儒教是儒學的學問基礎，儒學在宋代大放異彩，形成新儒學。**朱子學和陽明學是新儒學的中流砥柱。**

朱子學是十二世紀南宋思想家朱子（朱熹）創立的思想體系，以「理」和「氣」為兩大支柱，稱為理氣論或理氣二元論。簡單來說，「氣」形成事物的存在，建構出世界的實體；「理」是存在於世界內在的秩序、法則，為世界賦予意義。

另一方面，陽明學是明代思想家王陽明（王守仁）倡議的學問，承襲自朱子的論敵陸九淵的思想。陸九淵批評朱子學偏重知識，同樣的，王陽明也抨擊朱子學不重視內心。此外，陽明學不只注重知識，也重視實踐，提倡「知行合一」。同時也主張「致良知」，追求人類原有的善良。**日本主政者希望儒學家追求知識、博學多聞，成為宛如百科全書的知識全才**。由於這個緣故，當時掀起一股博學等於實用政治學的風潮。

話說回來，實際上儒學家與政治的距離因人而異。例如熊澤蕃山侍奉岡山藩主池田光政，參與藩的政治事務。蕃山以朱子學和陽明學為基礎，發揚其師父中江藤樹提出的「時處位論」。時處位論認為人的行動應按照時間、處所、地位的不同有所變動。

相對於此，伊藤仁齋的作風與蕃山不同。伊藤仁齋終生都與政治保持距離，是一位相當有名、隱身市井的儒學家。他站在反朱子學的立場，奉《論語》為「至高無上宇宙第一書籍」，用盡一切方法闡明孔子的教誨。仁齋不採用後世儒學家的注釋，提倡「古義學」，直接學習孔子與孟子說的話，因此外界稱為「古學派」。

另一方面，山鹿素行是浪人武士之子，後來到江戶學習儒學與兵法。他批評朱子學，確立聖學。簡單來說，朱子學帶有遠離浮世、形而上學的一面，他否定這個面向，建立對武士日常生活有用的學問，這就是聖學的概念。素行撰寫的《聖教要錄》主張應該直接學習孔子的論點，由於書中內容反對朱子學，使他被流放到赤穗藩。

同樣為浪人武士之子，擔任過禪僧，後來成為朱子學家的山崎闇齋，同時也是垂加神道的創始者。他建立了崎門學派，倡導居敬窮理，主張人應該具備智仁勇三德，達到神人合一的境地。

新井白石是幕府將軍德川家宣和家繼的輔臣，以實行「正德之治」聞名。他從朱子學學習合理且具實證性的精神，輔佐家宣將軍，使其成為如同中國古代堯舜等賢帝的明君，基於這樣的政治理念，以實現仁厚德政為目標。身為一名學者，白石規劃了所有國家政策，可說是相當少見的例子。

相反的，荻生徂徠創設了獨門學問，並冠上自己的名字，稱為徂徠學。

他十分重視朱子學博學的一面。由於朱子學之道在於六經（詩、書、禮、樂、易、春秋），因此他發展出注重禮樂的政治理論。簡單來說，道並非「天地自然之道」，而是指中國歷代先王所創造，存在於人類之外的理。有鑑於此，為了正確掌握道，人必須學習中國古文。

相較於伊藤仁齋根據孔子的《論語》提倡古義學，荻生徂徠主張「古文辭學」，認為應該直接閱讀中文的六經。他還為自己取了一個充滿中國風的名字「物茂卿」，嚴格貫徹自己的想法。

誠如以上所說，儒學在江戶時代達到巔峰，進入明治時期後，政府利用儒學確立天皇制國家，使儒學成為教化國民的工具。二次大戰後因為社會民主化，儒學在日本逐漸衰退，這樣的發展令人不勝唏噓。

▼國學

國學可說是日本固有思想。不過，國學的涉獵範圍過於廣泛，因此很難用一句話加以定義。概略來說，國學具有下列特色：國學是起源於江戶時代的學問，為了探索日本人的獨特精神，利用文獻學的方法研究《古事記》與和歌故事這類日本古典著作。

總而言之，國學家們想要探究的是，在受到佛教與儒教影響之前，日本固有的精神。他們不僅批判佛教與儒教，也不認同在思考神為何物時，不自覺出現的既有神道，試圖為神賦予歷史性。說的精準一點，就是重新定義神。

先前我提過國學是一門內容廣泛的學問，國學的集大成者本居宣長將國學分成四類，分別是「神學」、「有職之學」、「紀錄」與「歌學」。神學學習的是神社與神道等日本自古以來的信仰。有職之學是律令、儀式等規範的學問，亦即「有職故實」。紀錄是詳述《日本書紀》等歷史的學問。歌學要學的則是以和歌為中心的日本古典文學。乍看之下，國學可說是一門跨領域的學問。

一般認為契沖是開創國學的人。德川光圀委託契沖撰寫《萬葉集》的注釋，成為國學的起源。另一方面，在京都擔任神職的荷田春滿也是日本國學的重要人物之一。相對於契沖只研究和歌，春滿也研究《日本書紀》。他還在東京的神田神社講授國學，後人在此設立了「國學發祥之地」碑。

賀茂真淵是春滿的弟子，他認為古語才是古代人的心，因此透過解釋古語，闡述日本自古以來的精神和古代學問（古道）。為了達到此目的，他認為應該去除佛教和儒教帶來的「漢意」，全心全意感受古代人的心，掌握古籍精髓。舉例來說，他曾說「古世之歌，人之真心也」。他認為可在《萬葉集》中找到古代精神與「崇高直率之心」，也就是忠實呈現天地自然的純樸心情。以崇高直率之心詠頌和歌，是一種充滿男子氣概、落落大方的「男性風」（ますらをぶり）。

本居宣長深受真淵的影響，以其弟子之姿成為國學的集大成者。本居宣長也主張排除「漢意」，不僅如此，更提倡「大和心」。大和心指的是一顆對真實對象感到共鳴的心，也稱為「真心」。本居宣長將以《萬葉集》為中心的古歌之心理解為「真心」，真心裡也含有人類與生俱來的自然情感，包括利慾在內。正因如此，對於《古今和歌集》代表的女性化溫柔歌風「女性風」（たをやめぶり），真淵也認為這是一種感情的自然流露，同樣重視。

宣長訴求自然情感，他的思想最顯著的特色的就是「物哀」論。**「物哀」指的是常見於《源氏物語》，人類在面對某項事物時產生的純粹情感。**物哀的原文為「もののあはれ」，「あはれ」是結合日文感嘆詞「ああ」（啊）、「はれ」（哎呀）而成的詞彙。

在神道一節曾經登場的平田篤胤儘管承襲了本居宣長的思想，卻不墨守成規，他以自己的方式進行改良調整，將國學發展成一門更加廣泛的學問。荷田春滿、賀茂真淵、本居宣長與平田篤胤並稱為「國學四大家」。不過，篤胤與宣長等人並不是直屬的師徒關係，只是他單方面說他曾在夢中拜入門下罷了。

此外，國學從一開始發展到宣長的時代為止，都很尊重古典著作，篤胤則以自己的方式重新編纂古典著作，打破過去的規矩與做法。他以此方式撰寫了《古史成文》及其注釋書《古史傳》。此外，他在《靈能真柱》中寫著死後靈魂的去處，大肆批評宣長認為人死後前往黃泉國的主張。篤胤作風創新，積極致力於寫作，結果被幕府視為危險人物，將其流放至江戶。

明治時代推動歐化政策，日本國學發展受到壓抑，但在戰爭期間又被用來鼓吹戰爭，日本國學在時代潮流中歷經波瀾。話說回來，日本國學是重新審視日本自古以來傳統精神的學問，有了這一層意義，日本國學無論在哪個時代都占有一席之地。

▼幕末思想

雖以幕末思想為名，但並非是某個特定思想。唯一可以確定的是，幕末思想是在幕末這個獨特的時代氛圍中孕育出的一群思想。我在本書統一介紹這些思想。

幕末思想可說是始於日本嘉永六年（一八五三）黑船來航之後，當時幕府屈服在美國海軍准將馬修．培理（Matthew Perry）的威嚇下，隔年簽訂《神奈川條約》，日本鎖國體制就此崩解。不僅如此，一八五八年在駐日公使湯森．哈里斯（Townsend Harris）的要求下，簽訂《美日修好通商條約》；這件事也激化了尊王攘夷運動。

水戶學是尊王攘夷運動的核心思想，對明治維新帶來極大影響。最初起源於水戶藩主德川光圀編纂《大日本史》，不過，水戶學集大成有功的人物包括藤田幽谷、藤田東湖、德川齊昭、會澤正志齋。

藤田幽谷主張上下有別即是天地秩序，必須建立以天皇為尊的國家體制，此為名分論。同時還將起源於對外的危機心理所產生的攘夷，與國家體制連動在一起，提出一連串論點，奠定了尊王攘夷論的基礎。藤田東湖是藤田幽谷之子，自從主導德川齊昭的藩主擁立運動之後，成為德川齊昭的心腹，對於水戶藩與水戶學的發展做出極大貢獻。德川齊昭是水戶藩主，同時也是水戶學的象徵弘道館的創立者。他在幕府負責海防事宜，開戰時還提出備戰建議書《海防愚存》，是攘夷派的代表。

會澤正志齋是弘道館的初代總裁，也是確立水戶學理論的思想家。《新論》可說是他最重要的著作，深深影響武士階級。會澤正志齋在《新論》中回溯歷史，綜觀世界局勢，不一味地扇動攘夷思想，而是從思想深處展開論點；這也是《新論》具有影響力的原因之一。

總的來說，水戶學是由許多人一起建立的，其最為人熟知的特色在於結合神道與儒教的「敬神崇儒」理念。水戶學將日本視為神州，不只強調始於天照大神並延續至今的皇統，也認為日本國學與儒學的理念一致。主張「尊王敬幕」，藩士聽從藩主命令意味著效忠於幕府，進一步代表對於天皇的忠誠之心。

話說回來，水戶學究竟如何影響明治維新？就像《新論》所代表的意義，水戶學不認為外國列強進入日本的事情只是單純的軍事威脅，基督教引發的意識形態等思想威脅才是關鍵。簡單來說，為了避免因基督教普及導致列強從內部統治日本，必須提倡日本特有的意識形態，因此才會催生出尊王攘夷運動。

在長州藩萩城松下村塾授課因而聲名大噪的吉田松陰，是將水戶學的理念當成革命實際推動的人物。藉由在私塾教課的機會，培育出高杉晉作、伊藤博文等多位明治維新的幕後功臣。

松陰受到佐久間象山影響，想趁著第二次黑船來航時偷渡出國，可惜以失敗告終，在萩城入獄。他是在這件事情之後，才在城松下村塾授課。

松陰曾說，我們面臨國家的危機，絕對不能只為自己考慮。對於他企圖偷渡出國一事，他認為這是身為「皇國之民」萬不得已的行為。

不僅如此，松陰也對意指在野庶民的草莽族群喊話，要他們共同奮起，站出來發聲，這就是知名的草莽崛起。最後他抱著「我不入地獄，誰入地獄」的決心，反抗大老井伊直弼，不幸在安政大獄鎮壓事件中遭到處決。他的一生可說是完全奉獻給了革命。

如同先前所述，基本上幕末思想是以尊王攘夷為共通目的，其造成的結果具有重大意義。**總的來說，尊王攘夷運動喚醒了在幕府庇護下長期沉睡的民眾，打開以市民（人民）為主角的沉重大門，邁向近代。**

▼啟蒙思想

一般來說，啟蒙思想指的是理性的、具有批判性的精神，為人類生活帶來進步與改善的思想。最初意指十七、十八世紀興起於歐洲，對抗基督教傳統權威的革命性思想。日本開國後西方思想大舉進入日本，受此影響，日本在明治初期也掀起了啟蒙運動。

日本第一個學術團體明六社，是明治時代引領日本啟蒙思想的組織。由於此團體成立於明治六年，因此取名為明六社。主要成員包括福澤諭吉，他曾表示明六社成立的目的是透過深入理解西方文明的西洋研究學者，為人民指引方向，將政治導向正確的道路。這席話精準說明了當時啟蒙思想的型態。

事實上，包括曾經造訪美國與歐洲的福澤在內，明六社的主要成員都是親身體驗過西方文明、擁有最新潮思想的西洋研究學者。在後來成為首屆文部大臣的外交官森有禮的一呼百應下，不只是西周與福澤，還吸引了西村茂樹、津田真道、加藤弘之與箕作麟等人共襄盛舉。他們發行了《明六雜誌》，儘管短短兩年就停刊，但在這段期間掀起許多議題討論的熱潮。說個題外話，《明六雜誌》停刊與當時的政治狀況有關。由於批評新政府懦弱外交（弱腰外交）的輿論沸沸揚揚，政府因此出手箝制媒體自由。《明六雜誌》停刊後，明六社並未解散，成員們相處得十分融洽。不過，成員們除了思想立場皆為啟蒙思想，在其他方面可說是針鋒相對。舉例來說，加藤弘之最為保守，態度上相對親近政府。福澤諭吉與西村茂樹屬於反政府派，西周則較為中立。

容我先在此向各位介紹西周這號人物。西周曾經留學荷蘭，學習約翰・史都華・彌爾（John Stuart Mill）與奧古斯特・孔德（Auguste Comte）的實證主義，不僅將「philosophy」一詞翻譯成「哲學」，也翻譯過許多西方哲學用語，若說他是將西方哲學引進日本的重要功臣，一點也不為過。

西周的代表著作是《百一新論》，事實上，這本書是根據他在私塾授課的講義編纂而成。「philosophy」翻成「哲學」也是出自授課講義。最初西周將「philosophy」翻成「性理之學」等用語，後來又改為「希哲學」，隱喻希求哲智（愛智）之意，最後才底定為「哲學」。

在《百一新論》中，西周將理分為人人身處的「天然自然之理」，與存在於人人心中的「人類心存之理」。前者是物理現象，後者指的是心理與社會現象。不僅如此，西周將後者稱為「後天之理」，主張雖為後天，但遵從天理，創建法律與制度的作為就是「道」。

根據道所創建的法律與制度，帶有彼此尊重我為人人、人人為我的「自愛自立之心」的意義。唯有如此，人類才可能創造文明。話說回來，西周重視物理與心理兩個層面，正因如此才會寫出《百一新論》，認為「兼論物理與心理的哲學」是將百種教義合而為一的理論。

另一方面，福澤諭吉是後來創設慶應義塾大學之人。他的思想可從最有名的「一身獨立，而一國獨立」這句話中看出端倪，福澤**主張所有人民都該屏除儒教精神，修習「文明精神」**。所謂文明精神，不是別的，就是實學。這也是福澤諭吉被外界稱為啟蒙思想家的緣由。

事實上，啟蒙思想的背後**存在著學問是讓人民平等，成為主體的堅定**

信念。《學問之勸》開宗明義的經典名句「天不在人上造人，亦不在人下造人」就是為了闡述這項主張。他認為人生而平等，之所以變得不平等，是因為不做學問所致。

此外，若說福澤等明六社創始成員是明治思想的第一世代，第二世代就是明治出生的新世代。這些被稱為「明治青年」或自稱明治出生的新世代，將主導明治維新的上一世代稱為「天保老人」並大肆批判。提倡平民主義的民友社德富蘇峰、政教社的志賀重昂與三宅雪嶺、在《日本》報紙上大放異彩的陸羯南等人，就是第二世代。他們背負的課題是以新時代舵手之姿，確立「日本國民」的地位，而非幕藩政府的「臣民」。

▼民族主義

明治時代到戰前的日本也是形成民族主義的時期。nationalism 通常譯為國族主義或民族主義，一般係指以國家或民族的統一、興盛為目標的思想。從一九二五年公布治安維持法，到一九四五年（昭和二十年）日本接受波茨坦宣言這二十年之間，是日本各界討論民族主義最熱烈的時期，也是使民族主義成為明確思想的關鍵時期。總而言之，**在這段戰爭一觸即發的時期中，日本民眾對於西方事物大舉進入日本的現況十分反感，進而產生反動，爆發成民族主義。**

從思想史來看，分成一九三〇年代引領輿論的北一輝和大川周明等民族主義者的動向；與一九四〇年代標榜「世界史立場」的京都學派哲學家，和參與「近代的超克」座談會的知識分子之動向。

北一輝從日俄戰爭時期便意識到國家的存在，之後逐漸靠攏社會主義，他特別注意國家的國民與天皇之間的關係。他在二十六歲時，自費出版重要著作《國體論及純正社會主義》。他在書中闡述天皇與國民共同奉獻國家的「公民國家」是最理想的國體，相較於此，他將由少數人基於私慾統治國家的型態稱為「家長國」並提出嚴正批評。

另一方面，北一輝認為「維新革命的本義即為民主主義」，將明治維新定義為革命。當時的日本是由少數政治人物統治國家，連民主主義的邊都搆不上，因此才要大力倡導革命的必要性。**這個時候北一輝倡議的革命其實是實施普遍選舉這類穩健的做法，卻被政府視為危險思想，禁止北一輝出版《國體論及純正社會主義》。**

北一輝後來持續與援助中國革命家的宮崎滔天交流，更遠渡中國參與辛亥革命。他將自己在中國寫的文章彙整成《日本改造法案大綱》，此時他已放棄普遍選舉，改提倡透過政變進行軍事革命，思想愈來愈激烈。

一九三六年發動二二六事件的青年將校執行了這場軍事政變，外界認為這場政變是由北一輝主導，他也被判處死刑。他在獄中說出經典名言：「天皇派兵鎮壓導致戰爭失敗」，表達自己為了天皇起義，天皇卻派出軍隊對付自己，最後以失敗告終的懊悔之情。

另一方面，大川周明在未出版的《列聖傳》中，主張天皇是國民共同生活的中心，是「國民的天皇」。為了實現此理想，他與北一輝一樣倡議第二維新，其最大特色是將所有理論基礎都建立在日本歷史內在的原理。

大川與印度獨立運動家拉希・比哈里・鮑斯（Rash Behari Bose）交好，並根據鮑斯提供的資訊，撰寫了《印度國民運動現狀及其由來》一文。**大川批評日英同盟，主張日本應與亞洲各國合作。**鼓吹大亞細亞主義，由日本當盟主，驅逐西方勢力，解放亞洲。

大川在自己的著作《復興亞細亞諸問題》中，明確闡述大亞細亞主義。他在書中表示，除了要從歐美勢力解放亞洲之外，同時還要改造日本，以主導解放亞洲的行動。大川的思想引發了一九三二年的五一五事件，一群大日本帝國海軍少壯派軍人闖入總理大臣官邸，暗殺犬養毅首相等人。他也在此時因叛亂罪入獄。不僅如此，由於大川被視為大日本帝國國策的宣傳者，因此他是遠東國際軍事法庭唯一一位以A級戰犯起訴的平民。

一九三〇年代的民族主義是以北一輝、大川周明等革命思想家為主，一九四〇年代的民族主義則以雜誌主辦的座談會為中心展開。從一九四二到四三年，《中央公論》雜誌舉辦了「世界史的立場與日本」座談會，出席者包括高山岩男、西谷啟治、高坂正顯、鈴木成高等京都帝國大學的學者群。

他們鼓吹有別於西方主導的近代，由日本掌握主導權，以新盟主之姿建構「大東亞共榮圈」的理念。表面上這是「世界史的立場」，但實際上不過是從道義層面為發動戰爭找到正當性。

同樣的，一九四二年《文學界》雜誌主辦「近代的超克」座談會，討論西洋近代的極限何在，並探討是否可能建立以日本為中心的亞洲。與會者除了先前提到的西谷啟治與鈴木成高之外，還有評論家小林秀雄與龜井勝一郎等知識分子。

隨著戰爭結束，民族主義也跟著式微。如今日本只要與中國或南韓產生摩擦，排外主義的情緒就會高漲。綜觀現代，因經濟 M 型化懷才不遇的年輕族群，很容易為了宣洩自己的不滿，轉而尋求民族主義的慰藉；在網路發表偏激言論的網路右翼就是最典型的例子。

▼京都學派

在日本，日本哲學這個詞彙指的是京都學派的哲學。其重要性由此可見一斑。我在序中介紹過歐洲的日本哲學會ENOJP，也發表過許多京都學派的哲學思想。京都學派係指二十世紀前期明治時代到戰前的昭和時代，以京都大學研究家為中心形成的一個大型哲學研究團體，創辦人是京都帝國大學教授西田幾多郎。

關於京都學派涵蓋範圍眾說紛紜，沒有絕對的定義。不過，一般認為包括西田幾多郎與其子弟，以及批評京都學派的評論者，都屬於京都學派的一部分，這也是目前最有力的見解。簡單來說，不只是西田幾多郎的「無之哲學」與其繼承者，舉凡馬克思主義的觀點到批評西田等人的勢力皆含括在內。同一時期活躍於京都大學的和辻哲郎與九鬼周造等人也很有名，但他們不過是西田的同事，嚴格來說不屬於京都學派。不過，本書會連同京都學派與該時代的哲學家，亦即京都學派的旁系一起介紹。

京都學派在西方哲學進入日本後開始思索，但日本哲學並未因此發展成西方哲學，反而誕生出日本特有的哲學思想。明治時期的啟蒙主義思想家們不過是西方思想的介紹者，**但京都學派的哲學家們將啟蒙主義融合日本思想，創造出全新的哲學**。其間的用心令人感到不可思議，光看完美融合西方哲學與禪的西田哲學就能明白。

西田幾多郎在其主要著作《善的研究》中提倡的純粹經驗，是以西方哲學的經驗論為根基，融合禪的無之境地，成功地從經驗概念中摸索出主客未分的狀態。總而言之，人在體驗事物的時候，會有一段時期無法察覺無主客分別的狀態。

另一方面，外界譽為西田接班人的田邊元以論述個人與集體關係的

《種的論理》聲名大噪，此概念可說是受到法國艾彌爾・涂爾幹（Émile Durkheim）與亨利・柏格森（Henri-Louis Bergson）等思想家的靈感啟發。不僅如此，屬於京都學派旁系的和辻哲郎在代表作《風土》中清楚闡述自己的思想，他巧妙融合了黑格爾哲學與日本風土，成功建構出獨特的共同體論。

綜合上述，京都學派的哲學成為全球備受矚目的日本特有哲學。如今西田的著作翻譯成多國語言，在世界各國出版，其他京都學派的哲學家也受到各界高度評價。在流傳的同時也受到不少批判。

針對整個京都學派的批判中，最多人對於其支持戰爭的態度大肆批評。京都學派最活躍的時候，日本已加入二次世界大戰。當時日本政府採用了以「總力戰」為名的「國家總動員體制」，舉全國之力投入戰爭，京都學派也無法置身事外。

關於這一點，我要再次介紹曾在民族主義的章節中出現過的兩場座談會。第一場是《文學界》雜誌舉辦的「近代的超克」座談會。京都學派的哲學家們不僅在這場座談會中認識了近代精神的積極個性，更建立對抗西歐的理念，構想出近代的內在性超越。

另一場則是《中央公論》雜誌舉辦的「世界史的立場與日本」座談會。這場座談會的與會者單方面地認為歐洲近代已遭遇瓶頸，主張日本民族的道德能量可以突破歐洲近代的箝制，成為建設大東亞新秩序的濫觴。不可否認的，京都學派在總力戰中成為被利用的棋子，一切都是為肯定現狀創造正當性。

此外，根據近幾年發現的京都學派與海軍祕密會議的備忘錄〈大島筆記〉，京都學派並非贊成侵略戰爭，而是修正陸軍的方針，企圖摸索出和平工作的方案。

京都學派的本質並非參與戰爭，那不過是受到時代潮流吞噬，不得已的結果。就像是西方哲學界中，馬丁・海德格爾（Martin Heidegger）支持納粹一樣。馬丁・海德格加入納粹黨，在納粹黨的支持下就任佛萊堡大學（Universität Freiburg）的校長，同時推動大學改革，支持納粹黨的作為。

有鑑於此，外界對於京都學派支持戰爭一事大肆批評確實有其原由，但若就哲學層面而言，京都學派也留下了許多令人讚揚的成就。**正因如此，我們更應該著眼於個別哲學家的思想。**

▼戰後民主主義

戰後民主主義的目的在於確立美國新賦予的「日本」定位，換句話說，就是從思想層面探索出建構體驗民主主義精神的近代人類主體性與自立性的方法。

日本在接受波茨坦宣言後，首先要面臨的現實問題就是，該如何接受駐日盟軍總司令（GHQ）推動民主性的戰後改革，與新憲法訂定的民主主義規定。

面對這樣的態勢，許多外界稱為「進步的知識分子」的思想家，以啟蒙西方近代民主主義典範的形式引導議題。包括政治思想家丸山真男、確立大塚史學的經濟史學家大塚久雄、知名社會學家與和平運動家清水幾太郎、將實用主義引進日本的政治運動家鶴見俊輔等，都是最具代表性的人物。

其中貢獻最大的是被外界譽為「戰後民主主義的旗手」的丸山真男。丸山原本研究西歐的政治思想，在恩師南原繁的勸說下轉而學習日本的政治思想，並將自己的思想全部收錄在主要著作《日本政治思想史研究》之中。

該書的具體論述從德川時代的御用學問朱子學歷經變質，又受到荻生徂徠批判導致解體說起，進而誕生本居宣長的日本國學，一直到江戶時代形成的國民意識，可說是明治以後成立國民國家的準備階段。若以一句話表現其主張，便是**近代人格確立不只萌芽於西歐，也起源於江戶思想**。總的來說，從荻生徂徠到本居宣長的譜系中，早已包含著個人真實的心情解放，或者說是人類力量的秩序作為近代化契機。

丸山最為人所熟知的，其實是發表於一九四六年五月號《世界》雜誌的論文〈超國家主義的邏輯與心理〉。丸山在論文中比較歐洲和日本，點出日本與自己主動追求權力的德國納粹不同，上位者將壓抑依次順位轉嫁給下位者，這種「轉嫁壓抑」正是日本社會最大的特徵。同時由此特徵解讀天皇制，天皇制即是「以天皇為絕對權威的階級制度」。

丸山認為二次大戰結束後，作為超國家主義基礎的國體（天皇制）喪失其絕對性，日本國民已真正成為自由的主體，承擔起自己的命運。**在權威的階級制度中，沒人願為自己的行為負責，形成日本法西斯主義。由於這個緣故，丸山宣稱日本天皇制是「無責任的體系」**。簡單來說，他希望每位國民都能負起責任，參與政治。

丸山表示，從國家獨立的中立團體互相抗衡的市民社會，是戰後民主主義發展的方向之一。在此情況下，市民社會的意義不是城市，而是以自發性組織為中心的多元社會。

雖說如此，至於丸山是否大肆讚揚今日般的市民社會是天皇制的替代品，似乎也不是這麼一回事。或許這其中也受到時代制約影響，但從中不難發現，丸山十分防備西歐社會常見「以民主主義之名實行的法西斯主義」，亦即受到德國和義大利市民支持的極權主義。

儘管丸山的論點具有兩極意義，但丸山被譽為「戰後民主主義的旗手」並非空有虛名。他身為東大教授，不只鑽研學問，也透過各種媒體以及與市民對話的機會，宣揚民主主義。正因如此，就算遭到全學共鬥會議（日本各大學在一九六八、六九年，由學生運動團體實行包括路障封鎖、罷課在內的實力鬥爭運動，簡稱全共鬥）鎖定，占據其東京大學的研究室，他也絕不屈服。當時他說了一句話：「我不恨你們，只會瞧不起你們。」這句話之所以有名，不只顯露出丸山的菁英主義心態，亦可從中窺見其對於戰後民主主義堅定不移的信念。

遺憾的是，戰後民主主義的議題討論後繼無力，從全共鬥受挫一事即可看出端倪。即使如此，戰後民主主義的問題並未解決，現況也絲毫未變。正因如此，戰後只要遇到週年這類重要日子，戰後民主主義的議題就會浮上檯面。最明顯的就是戰後七十週年那一年，白井聰撰寫的《永續敗戰論》直指日本如今依舊受到美國統治，掀起輿論話題。加上不少民眾反對安保法案上街遊行，這些都促使日本各界更加熱烈討論戰後民主主義。不過，直到現在，我們仍無法預估這股風潮將延續到什麼時候。

▼現代日本思想　從新學院主義到兩千年代

目前各界對於現代日本思想的定義十分模糊不清，在此我以戰後民主主義在全共鬥失敗告終的七〇年代後的新動向，也就是一九八〇年代與一九九〇年代的思想為中心進行解說。

一般將八〇年代稱為「postmodern」（後現代），modern是現代的意思，postmodern指的是現代以後的時代。**簡單來說，在思想史的通說論點中，七〇年代與八〇年代之間是一大分水嶺。**

戰後到七〇年代，日本最大的目標在於發展國家的自立性與經濟，創造輝煌的成就。對於一個政治與經濟必須重新開始的戰敗國，首要之務是建構全新的國家框架。換句話說，就是建構「宏大敘事」。「宏大敘事」是法國思想家讓—弗朗索瓦・李歐塔（Jean-François Lyotard）提出的概念。

修正安保法案與全共鬥失敗，在政治上終結了日本對於宏大敘事的追求。從經濟層面來看，一九七三年的石油危機也讓經濟高度發展轉為衰退。無論在政治或經濟層面，日本在七〇年代完成了宏大敘事，也在此時失去了宏大敘事。根據上一段提過的李歐塔的論點，日本在這個時間點結束了現代，邁入後現代。**相較於現代追求的宏大敘事，後現代主張的是「細小敘事」**。宏大敘事和細小敘事的差異正是區分七〇與八〇年代的關鍵。

簡單來說，追求細小敘事指的是個人追求自己的世界觀。由於這個緣故，在努力追求細小敘事的後現代中，所有國民不會共同追求一個遠大目標，而是給每個人各自以自己的方式，盡全力完成自己的目標。

新學院主義最能表現出這樣的思想狀況。新學院主義的原文是「New Academism」，代表人物包括淺田彰、柄谷行人與中澤新一等思想家。他們以淺顯易懂的方式解釋艱澀難懂的法國現代思想，可說是掀起一股追求知識的潮流。

一九八三年淺田彰發表的《構造與力量》形成一種社會現象，也成為新學院主義萌芽的契機。儘管這是一本深奧且難以理解的學術書，卻意外成為暢銷書，淺田也因為這本書擠身時代寵兒之列。

《構造與力量》參考雅克・德希達（Jacques Derrida）、吉爾・德勒茲（Gilles Deleuze）等人的文章與著作，以明白順暢的文字解說高深的法國後結構主義思想，是一本創新風格的書籍。**若以一句話來形容，就是後現代**

特色的差異概念與其運動。簡單來說，內容討論的都是差異化的概念。從這一點來看，《構造與力量》可說是名符其實的後現代聖經。

前輩思想家蓮實重彥與柄谷行人帶領著淺田彰，一起守護自己開創的思想運動。淺田與柄谷成立《批評空間》思想雜誌，建構後現代思想的紮實基礎。柄谷不只在國外執教，其作品也在國外發行翻譯本，可說是深受西方菁英注目的現代思想家之一。

進入九〇年代後，發生了好幾件令人聯想起世紀末的重要大事。席捲當時論壇的社會學家宮台真司經常針砭時事，他可說是提高社會學在思想界地位的一大功臣。宮台善用社會學的知識，簡潔明瞭地解開世紀末之謎。遺憾的是，當時的社會依舊混沌不明，遲遲無法從泡沫經濟崩壞後的低迷景氣走出來。九〇年代也被稱為「消失的十年」。到了二〇〇〇年，經濟低迷的情況仍未見改善。原本「消失的十年」自動延長為「消失的二十年」。

在此現況中，兩千年代（為二十世紀與廿一世紀的年代，從二〇〇〇年一月一日開始，於二〇〇九年十二月三十一日結束）出現了幾個新趨勢。其中最受矚目的是評論家東浩紀。東浩紀從淺田等人創辦的《批評空間》出道，由柄谷發掘提攜。其就讀東大研究所時，以二十七歲新秀之姿出版第一本書《存在論式的、郵政式的》，很快就獲得三得利學藝獎。之後也以在野思想家的身分，陸續發表《動物化的後現代》、《一般意志 2.0》等切合時事的作品。前者更發行英文翻譯本，在海外廣獲好評，可說是站在現代日本思想最前端的經典之作。

如今，包括東浩紀在內的眾多年輕評論家，仍針對民眾自發性批評衍生出的兩極化輿論、安保法案的優劣，以及抗拒全球主義發展等議題，不斷上演新的思想抗爭。

第2章

日本哲學的思考之道

開創獨特想法

▼「生成」——一切交由命運的思想

提到日本最古老的思想，莫過於繩紋時代或更早之前便已存在的自然崇拜，進而衍生出現代的神道。再者，自古即為日本思想中心的佛教也很重視自然。**佛教認為目前的這個處境（此現象的世界）才是事物本質，亦即實在的世界。**總而言之，眼前的自然才是本質，也就是現象即實在的道理。

無論如何，日本人認為自然比任何經過人為加工的事物更正確、更值得尊崇。因此，與其人為加工，不如保持自然或維持原有狀態才是最好的。日本人認為自然或原有狀態蘊藏著自然的強大力量與神祇的力量，人類不可違抗，如果違抗必遭天譴。

此想法超越了宗教的框架，也超越了時間，廣泛深植於現代社會的日本人心中。政治學家丸山真男曾經大力闡述，日本從「自然」社會轉變成

【生成】

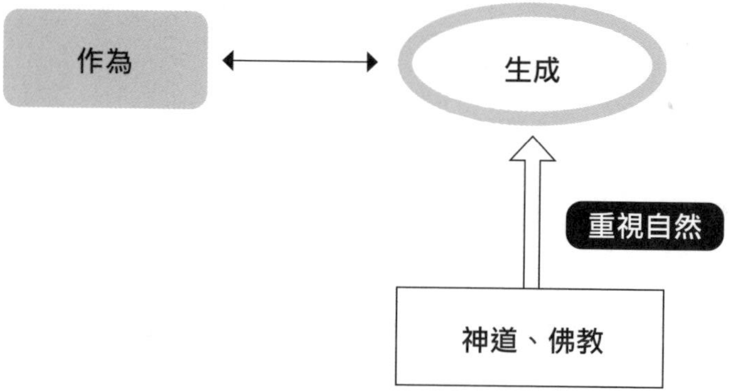

「作為」社會的必要性。他認為每個人都應該主動改變社會，為近代社會敲響警鐘。事實上，丸山的論點也是身處現代社會的我們最需要的改變。原因很簡單，**現在的日本人追求「自然」而非「作為」，甚至可以說是認為自然「生成」才是最好的生存之道。**

不可諱言的，許多我們自己做的決定，例如「結婚」、「轉職」，我們都不會強調自我意志，反而會說「時間到了所以結婚」、「遇到好時機所以換公司」。這些行為表現的背後，我相信存在著人們相信命運的意識，無論是結婚或轉職，都像命運一樣自然生成。

無論丸山如何大聲疾呼，現在的日本人面臨社會問題時，仍不願挺身而出主動改變，只是沉默地等待現況好轉。大家都說日本從未有過革命，就是受到「生成」的思想所影響。

仔細想想，西方以充滿動能的「作為」思想為主流，並未讓世界變得更好。西方社會依舊互相爭戰，破壞自然。我相信日本的「生成」思想很可能在未來某一天，可以取代西方的「作為」思想。

▼「遵從」——捨棄私心的思想

外界都認為日本是個服從的民族，遵守法律、遵循公司方針、乖乖排隊……這類維持秩序的表現族繁不及備載，這也可以說一種思想。話說回來，這樣的思想究竟從何而來？

【遵從】

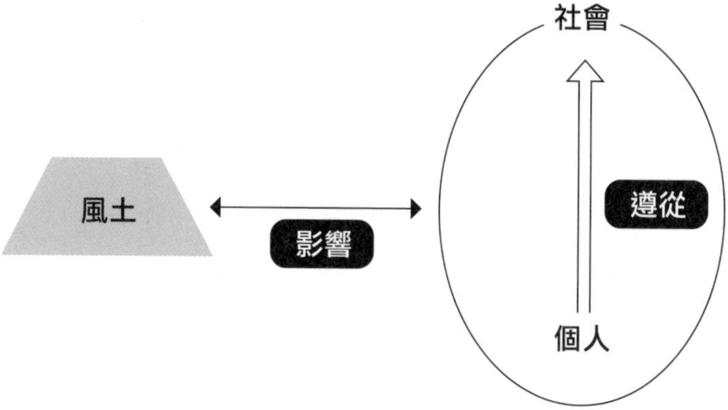

第一個想到的可能性是日本獨特的風土。誠如和辻哲郎所提出，日本屬於季風型氣候，**不得不與颱風或雨季等自然變化共生，必然地養成了容忍順從的個性**。不可否認的，人類無法戰勝颱風，地震也是如此。我們能做的只是預測，盡一切可能減少災損，將受災狀況降至最低。

這類可以用ＤＮＡ來形容的生存智慧，長期影響著日本思想。武士道是日本思想的精髓，集武田信玄兵法之大成的《甲陽軍艦》

中，有這麼一段內容：「武士無論是醒是睡，或是在吃飯的時候，都應該向主公盡忠建功。」遵從主公正是武士道的神髓之一。

不主張自己是否正確，遵從自己該遵從的人事物才是對的。武士道的極致是切腹。只要主公命令武士切腹，武士就得切腹，西方社會完全無法理解這一點，但日本社會認為這是一種美學，是正確的事情。原因很簡單，這是「遵從自己該遵從的人事物」所得到的結果。

現代社會已經沒有切腹的習俗，但在許多場合中，仍然可以看到這類遵守不合理規矩的情形。公司下達的命令就是最常見的例子，第二次世界大戰的神風特攻隊亦是如此。

我從不認為神風特攻隊是正確的做法，但不可否認的，捨棄個人、遵從組織的做法有時候是一項利器。遵從的觀念是日本人秩序的基礎，可避免遇到災害時產生混亂，平時也能調和社會的整體氛圍。

我們要充分認知「遵從」這件事的危險性，有時候也要捨棄私心，為了維持整體祥和盡力而為。人既然在社會上生存，有時就得臣服於社會，相信這一點各位都能理解。

▼「連結」──相互結合的思想

在日本人的日常生活中，經常看到「結ぶ」這個字，例如「縁結び」（結緣、結親）、「結びの一番」（意指相撲比賽中，每一天的最後一場比賽，通常由橫綱上場）等。**我認為「結ぶ」（連結）這個觀念也是日本思想的特徵之一。**此觀念的起源可回溯到繩紋時代。

繩紋陶器（日本學者稱之為「土器」，質地更接近於中國的瓦器，與漢語語境中的陶器有所不同）的繩紋圖案象徵「連結」的意義。不過，此繩紋圖案不單單只是結繩這麼簡單，而是蘊藏著如產靈般結合生命之意。產靈指的是神道中生成萬物的靈的作用。

繩紋陶器原本是用來盛裝與創造生命有關的食物，由此不難看出繩紋

【連結】

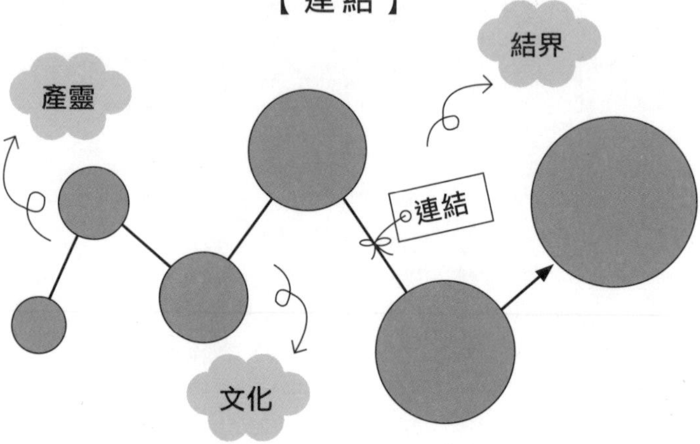

圖案中蘊藏的產靈意義。

此外，神道與佛教中有結界的概念，用來劃分神聖領域和世俗領域。神道中的注連繩是一種繩結，繩結圍起來的內側為神聖領域，外側則是世俗領域。

除了宗教之外，文化也隱藏「連結」概念。用線將布料縫（連結）成和服，就是最典型的例子，連結這個行為本身被視為是一件重要的事情。前文所說的「緣結び」，帶有將兩者結合在一起的意義；而相撲比賽中的「結びの一番」，指的是總結、結束之意。

相較之下，西方重視每個單獨個體的價值，無須結合其他個體，自己就很完整。或許是因為他們重視個人的自立性和獨立性，對於廣結善緣、經營人脈藉此完成一件事的觀念，感覺上較為淡薄。

有鑑於此，我們可從這個部分挖掘出日本思想的獨特性與優點。「連結」就是結合各種力量，進而產生強大的力量。亦即結合擁有不同力量的人事物，創造出新的力量，衍生強韌的思想。

▼「無」——誕生一切的思想

有與無可說是最能表現出西方哲學與東方哲學對比性的概念。自古希臘以來，西方世界一直探索存在的意義，因為他們認為無不可能生有。笛卡兒（René Descartes）的名言「我思故我在」注重的是「我的存在」，馬丁・海德格爾在《存在與時間》（Sein und Zeit）中探究的也是「存在」

【無】

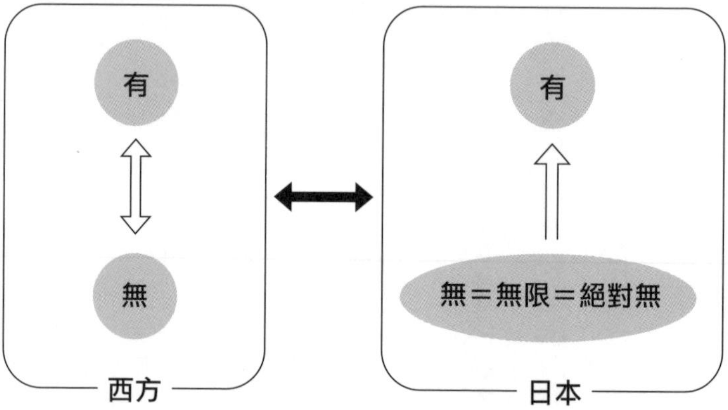

的意義。

相較於有的哲學，**無的哲學可說是日本特有的獨創觀念**。最典型的例子是西田幾多郎的哲學，不過在西田之前，佛教的禪宗已滲透過無。有鑑於過去的歷史，西田是「無的哲學」的集大成者。

西田認為所有事物都是從場所這個概念生成的，若將場所的概念極大化，就會變成無。相反的，若該場所為有，就必須存在著更大的有才能生出有。總而言之，想要無限地生出大有，就必須存在更大的有，沒有任何事物比無限更大。因此，無就是無限，是生成一切的場所。這就是西田的結論。此時無已不是有的對立概念，而是產生有的絕對場所，稱為絕對無。

從正面角度看待無的思想，可說是日本獨有的概念。正因如此，日本人認為空無一物的庭院最美，畫中的留白部分最高雅。有時無物也會被當成最好的狀態。斷捨離這類鼓勵人們只擁有自己需要的東西的生活型態之所以廣受歡迎，我相信也與推崇無的日本思想有關。

有鑑於此，當我們思考一件事情的時候，不妨從如何減少，如何趨近於無的角度切入，而不是從要做什麼、買什麼、增加什麼來看。西方哲學的概念是「無不能生有」，但在日本思想中，「無絕對能生有」。

▼「清淨」——重新開始的思想

清明心可說是象徵日本思想的詞彙之一，亦即清淨光明之心。日本自古便推崇自然般的清淨，尊敬毫無虛偽的誠實心情。與清明心相反的是濁心與私心，也能說是利己心。

日本社會重視共同體的秩序，不喜歡利己心擾亂秩序。日本人認為利己心正是為社會帶來毒害與疾病的元兇，這些負面影響稱為罪與汙穢。有鑑於此，我們一定要去除這些罪與汙穢。

有趣的是，日本的觀念並非消滅罪與汙穢，而是將罪與汙穢「放水流」（水に流す），用水洗淨。直到今日，當日本人赦免過去的罪、解開過去的芥蒂時，經常使用「放水流」這樣的形容詞。

不只是個人的罪，這個觀念也能套用在世上的所有問題。吉卜力工作室推出的動畫作品經常出現與水有關的場景，例如《魔法公主》中山獸神居住的森林湖泊、《崖上的波妞》中出現的洪水等。為了表現清洗災禍的意象，這些場景皆使用了水這項元素。事實上，宮崎駿導演在加利福尼亞大學柏克萊分校獲頒日本國際獎（Japan Prize）時接受的採訪中，曾經表示

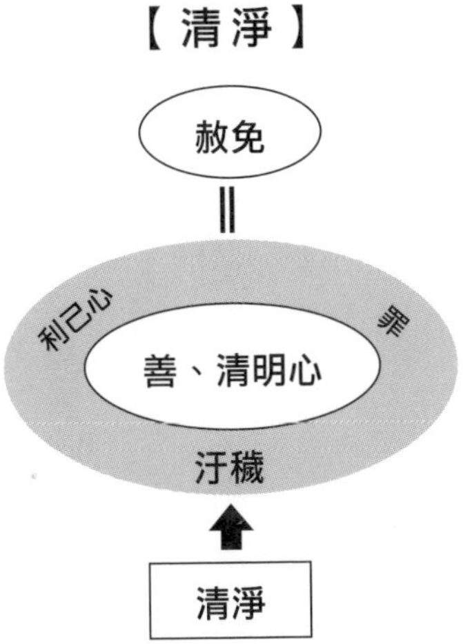

若能將東京稍微浸泡在海裡，對東京也不是一件壞事。由此可以看出藉由水清淨文明的觀念。

若從另一個角度思考「一定要用水清洗」的觀念，代表消滅罪惡這件事並不難。事物原本就是善的，只是外面覆蓋著一層泥土般的罪，因此若能用水清洗，就能恢復原本善的狀態，切除惡的部分後，就無須以死贖罪。簡單來說，這是日本式的重新開始。

親身實踐這樣的觀念，就能輕易地赦免他人。不只是罪，微小過錯亦如此。清淨的思想也是赦免的思想。土地狹隘的日本之所以能維持單一國家的型態，或許就是受惠於所有人心中共有的赦免思想。

▼「塑型」——產生強度的思考

日本文化有各種不同的樣式或規則，茶道與花道有許多細緻的作法，學習這些細微末節是一件有意義的事情。各種不同的樣式也能稱為「型」。

日本蘊藏著塑型的思想。事實上，包括繩紋陶器在內，日本已經塑造出各式各樣的型。有時候型甚至能支配生活，平安時代的貴族重視有職故實就是最典型的例子。有職故實意指每年的例行活動與儀式等先例。在政治穩定的時代，訂定標準化的宮廷政務，其過程中最重要的就是建立模型（型），妥善執行每一項任務。長久以往下來，就能建構出十分細緻精密的模型。或許這就是現在政府機關、各地公所有無數申請書的原因。

日本思想史家源了圓精闢地分析了日本的型。源了圓認為**型就是努力**

【塑型】

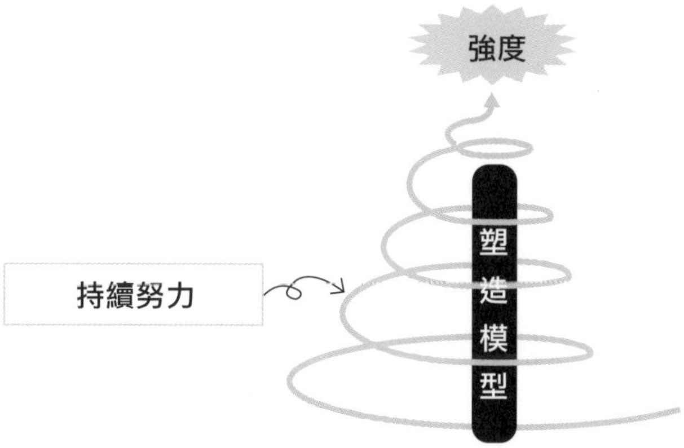

維持某個模型（形式），加以淬鍊昇華而成的結晶。綜觀日本的藝道（藝術之道）即可看出端倪。源了圓從世阿彌的能中，發現「守、破、離」的模型理論。總而言之，世阿彌一開始遵守其父親觀阿彌的教誨，勤於練習「模仿（物真似）」演技，接著突破模型，最後來到離的階段，達到能的最高峰。

日本的傳統藝能之所以擁有無與倫比的型，並非來自於一朝一夕形成的「突發奇想」。而是從基礎開始不斷練習，精進演技身段，最後終於完成的偉大功業。

將塑型這個觀念視為日本思想時，一定要著眼於一點，亦即凡事都是經過長時間的投入和努力，必須小心慎重地建立模型，如此才能建立強韌不破的型。

起源於美國的實用主義，與日本的塑型思想截然不同。實用主義認為凡事先做再說，做得好就是正確的，帶有亂槍打鳥的意味。不可諱言的，柔軟度也是實用主義的優點，但若因此定義日本的樣式千篇一律或很繁雜，未免過於武斷，各位絕對不可忽略日本塑型思想的強度。

▼「一體化」——衍生出多元觀念的思想

萬事萬物合而為一是日本十分鮮明的思想，始於聖德太子的「和的精神」，貫徹神佛習合到和魂洋才的理論系統，不僅為日本帶來和諧的氣氛，同時也帶來多元的強韌度。

【一體化】

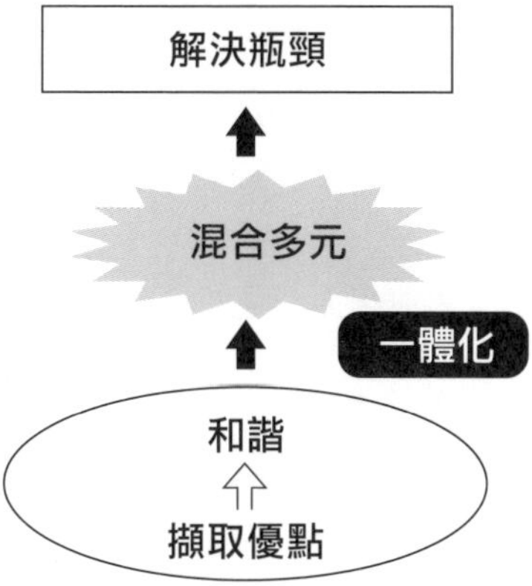

神道源自於佛教以前的在來神（本地神），佛教出現後與佛教和平共存，這一切都要歸功於神佛習合，亦即佛化為神現身的本地垂跡說。當神與佛一體，在神與佛之下的事物都能合而為一。

話說回來，日本社會有許多外來思想，每次外來思想進入日本，在地思想都能巧妙融合，產生出混合的多元思想。唯一要注意的是，日本的在地思想處於被動地位，並非純粹的加法結合。一體化是為了讓思想體質更強，某種程度上是擷取對方的優點強化自己，這個做法也是為了避免喪失日本的獨特性。

其中最典型的例子是和魂洋才。西方文明進入日本時，佐久間象山等具有先見之明的思想家皆主張保留日本魂，只擷取西方的卓越技術，這樣的精神一直沿襲至現代。

許多現代日本製造的東西被外界揶揄為模仿國外產品，事實上絕非如此。就算外表看起來很像，但內在，也就是精神層面截然不同。正因如此，日本製才會是高品質的代名詞。從這一點也能看出製造者在設計與製作時，完全為使用者著想的用心。這就是日本製商品不易壞的原因，也是日本式的一體化。

西方社會很難做到日本式的一體化。如果他們做得到神佛習合，就不會與伊斯蘭國家陷入長期衝突的狀態。有鑑於此，我們必須加把勁向全世界宣傳日本的一體化思想。這麼做絕非為了宣揚日本的優越性，而是突破世界的瓶頸。

▼「相信」——付諸行動的思想

我認為日本人很容易相信事物，或許這與神道與佛教等「軟性宗教」普及於生活中，並已形成習慣有關。因為日本人真心相信迷信，或認為「人在做，天（御天道樣）在看」。話說回來，當人們相信天皇的神聖性，也就代表他們相信《古事記》與《日本書紀》中的神話故事。

不過，我們不需以負面的態度看待相信這件事，因為相信也是一種很棒的思考法。相信對於推展事物具有很強大的力量，相信讓我們可以心無旁騖、專心一致。

前一陣子我去看了馬戲團的空中飛人表演，空中飛人相信對面的夥伴能抓住自己，所以從很高的鞦韆往外飛。如果在重要時刻感到遲疑，就無法毅然放手往外飛。如此一來，不但無法抓住對方的手，還會往下墜。

儘管如此，我們有時候會害怕相信，或許這與我們曾經遭受背叛的經

【相信】

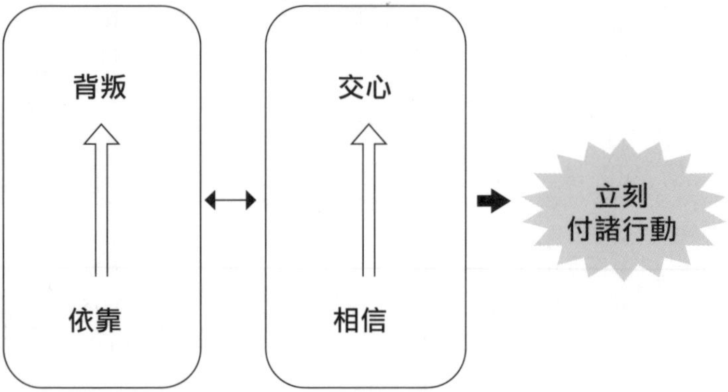

驗有關。

關於這一點，宗教家清澤滿之說了一句令人玩味的話。他說：「**相信與依靠不同。**」依靠代表你尚未交出自己的心，當對方無法如你所願，你會覺得自己遭受背叛。但相信不只交出自己的心，也代表自己處於全然了解的狀態。有鑑於此，即使遭到背叛也無所謂。不，應該說你心中不存在任何與背叛有關的概念。

因此，當你相信的時候，你無須心懷恐懼。這就是日本式的相信思想，同時也意味著你要承擔風險。舉例來說，當公司主管說「我相信你，所以將這項工作交給你」，這代表當你失敗的時候，主管會負起責任。若在西方社會，失敗等於違反合約，很可能被解僱，但日本公司不會發生這種事，全然信任你的主管會很乾脆地擔起責任。至少我認為這是日本式的美學。由於這個緣故，我們才會不顧一切地付諸行動，這一點也能說是日本的強項。

▼「吟誦」——實現願望的思想

日本有很長一段時間沒有文字，或許因為如此，日本人很擅長大聲吟誦。和辻哲郎曾說日本的歌比論文還要發達，不只是因為日語很適合吟誦，也因為日本人擅長發聲。

文字出現後，日本人更是進一步發揮吟誦的特性。他們感受到事物中靈性的「部分」，並將它說出來，這就是日本的物語（敘事）。由於這個

【吟誦】

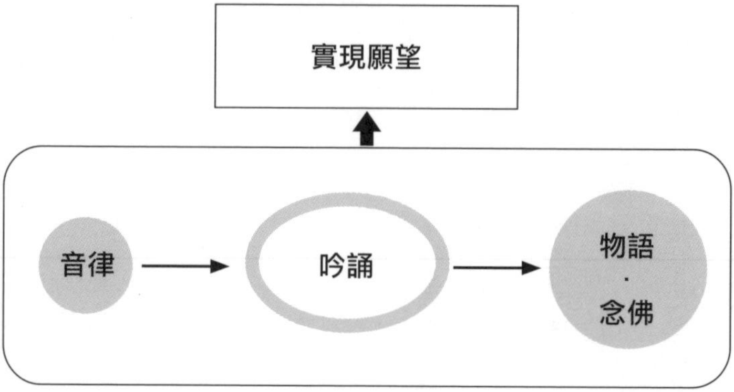

緣故，日本人並非有了文字才編織故事，而是因為有音韻才形成文字。《平家物語》就是從敘事構成的故事。

日語屬於和語（大和言葉），擬態詞相當發達，由此可以看出日本人多麼重視音律。日本漫畫的擬態語也很特別，創造出與聲音相符的文字。當日本想要表現恐懼的叫聲時，會使用鋸齒狀字型，看起來像是發抖一樣。

此外，日本人喜歡吟誦（吟唱）詞彙。受到佛教的影響，有些老人家會像唱歌一樣一直重複吟誦著南無阿彌陀佛。這在日蓮宗稱為唱題，只要吟誦南無妙法蓮華經就能獲得救贖。或許信徒們是為了這個原因唱題，但事實上不只如此，唱題過程真的讓人感到愉快。

超脫佛教的脈絡，將吟誦視為日本思想，就會發現日本人透過吟誦實現願望，這個觀念相當有趣。事實上，許多日本人認為這個做法比較好。原因很簡單，與其盡一切力量改變現狀或實現願望，不如光靠語言達成目標，如此造成的摩擦肯定比較少。

相反的，西方社會以行動為優先。他們認為行動是實現願望最快的方法，但當你想做的事有另外對立的一邊，很可能就會在過程中與對方產生衝突。

如果在這個時候，有人告訴你只要吟誦就能實現願望，你會怎麼做？你並非什麼都沒做，所以在心理層面可以感到安慰；但實際上你並未改變什麼，所以也不會產生衝突。在這個充滿紛爭的世界裡，或許這才是人們最需要的思想。

▼「一心不亂」——貫徹正道的思考方法

說到一心不亂，各位會聯想到什麼？祈禱？用功學習？我想大多數人都會聯想到集中精神，努力做某件事的模樣。以日本思想來說，一心不亂原是佛教中念佛時使用的用語。此外，武士道中「連死都不怕地拚命努力」（死にもの狂い）的精神，應該也與一心不亂有異曲同工之妙。

山本常朝在《葉隱》中提出，武士必須連死都不怕地拚命努力。若從武士道的脈絡來看，各位可能會以為這句話是要武士自暴自棄，莽撞地對抗敵人。不過，這絕對不是山本常朝說這句話的本意。

我認為他想闡述的重點是，集中精神、專心做某件事的重要性。若從這個角度解讀保持一心不亂這句話，就能明白這是十分適合日本人的思想。

話說回來，日本人原本就善於集中精神。不只是弓道與劍道等武道，

【保持一心不亂】

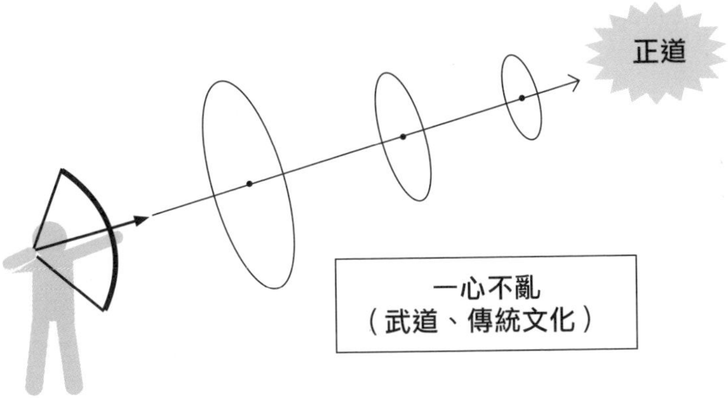

就連茶道、花道等傳統文化也需要集中精神。舉例來說，茶道中點茶稱為「點前」，代表集中眼前一點之意。

西方較擅長華麗的動作與豪邁的行為，總的來說，集中力可說是日本的強項。一心不亂的態度就是一種思想，即使身邊充斥著各種資訊，內心遭受惑亂，只要保持一心不亂就能貫徹正道。若能隨時注意這一點，就能表現出最強的一面。

換言之，毫不思索地貫徹正道的思考方法，是保持一心不亂的關鍵。說到這一點，或許有人會聯想到不受快速進步的時代潮流影響，幾百年來堅持貫徹傳統的職人與工匠。不可諱言的，這些職人與工匠支撐著日本傳統，維持具有日本風格的日本。凡事不受流行誘惑，一心不亂地往前走才是最重要的。

▼「感受」——了解更多的思考方法

這個世界上沒有任何文化比日本文化的感受性更豐富。在日本文化中，一年不只分成四季，更細分成二十四節氣。由於這個緣故，日本人的感受性變得相當豐富，最具代表性的詞彙就是「物哀」。

物哀指的是因接觸到大自然的變化，而產生的深刻情感。本居宣長在《源氏物語》中發現物哀的精神。簡單來說，《源氏物語》之所以具有重大意義，是因為它坦然表現出對於事物的情感。

根據宣長的說法，坦然表現出對於事物的情感才是人類本性，是十分

【感受】

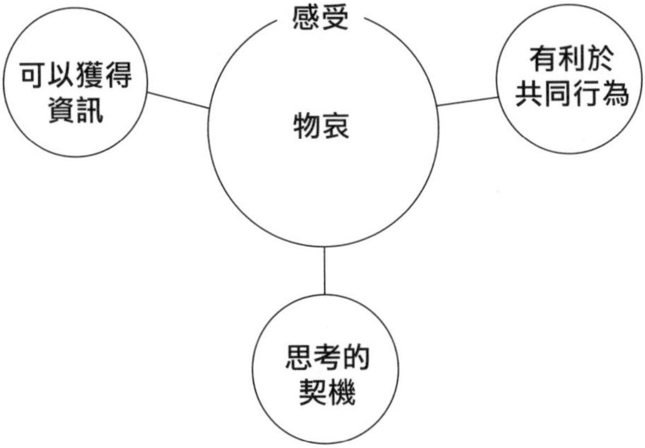

重要的特質。在西方思想中，自從笛卡兒說出「我思故我在」的名言後，思考被放在第一優先的順位，事實上，人類是先「感受」才開始思考。當人有了感受才會思考，相反的，修正思考的錯誤也是源自感受的結果。

德國哲學家康德（Immanuel Kant）的認知理論也認為人先產生感受，再由此開始思考。不過，這個理論將感受定位在思考之下。話說回來，思考是否經常優於感受呢？

日文中有「阿吽の呼吸」（阿吽的呼吸，意指兩者很匹配或很有默契）、「空気を読む」（讀空氣，意指察言觀色）等說法，充分體現感受的重要性。不斷言，認真感受，可以釐清超越語言藩籬的脈絡，明白周遭狀況，藉此獲得更多資訊。從這層意義來看，就會發現感受比思考還重要。

此外，感受的機制與思考不同，適合用共同行為來形容。舉例來說，當一群人身處梅林，在場的人都會聞到梅花的香氣。無需任何言語溝通，所有人都有相同的感受。事實上，不只是味道，感受能力愈高，愈有利於集體行動。日本人高度運用感受能力，或許就是創造出西方沒有的獨特價值最關鍵的原因。

▼「保持中立」——建構圓滑的人際關係的思考方法

日本人很擅長保持中立。所謂保持中立就是維持適當的距離，也能調

【保持中立】

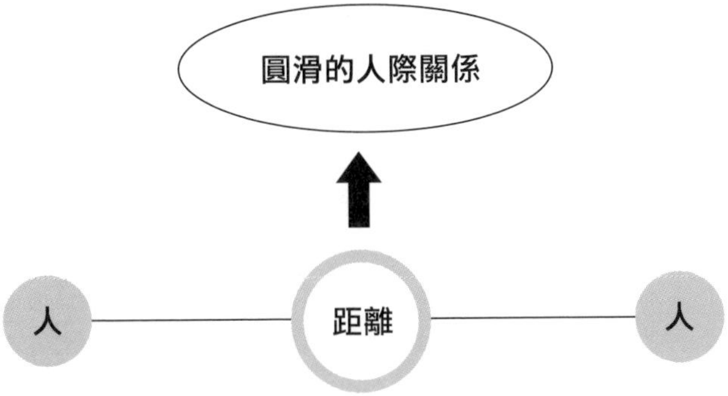

整出適當的時間。若以距離來說明，就是打招呼時如與對方距離太近，彼此鞠躬就會撞到頭；若距離太遠，又無法好好表達自己的敬意。為了充分傳達自己的心意，打招呼時一定要維持適當的距離。話雖如此，兩人之間該保持多少距離才適當？關於這一點並沒有制式規定，也沒人會教你該保持多遠或多近的距離。所有人都是自然而然地維持適當的距離，各位不覺得這一點很神奇嗎？

在歐美國家中，人們打招呼時

會握手、擁抱，有時還會親吻。在這類場合中，兩個人會產生肢體接觸，原本就有固定的距離，不需要思考「離對方多遠才適當」這類的事情。

為什麼保持中立對自己比較有利？因為若是不這麼做，就看不見真相。

日文的保持距離是「間をとる」，原本使用的是「真をとる」，也就是「真」這個漢字。換句話說，「真相」就在「距離」之間。所謂當局者迷，當我們靠得太近就看不清，凡事皆是如此。相反的，距離太遠也看不見。因此，必須找出最適當的距離。時間也是同樣的道理。

假設你與朋友吵架，若發生衝突後很快與對方見面，一定又會吵起來。相反的，若太久沒見面，也可能再也做不成朋友。在彼此冷靜之後，找個適合的時機見面，才有助於重修舊好，友誼長存。話說回來，當日文的「間」唸作「あいだ」（Aida）的時候，「間をとる」就是「取中庸之道」的意思。

簡單來說，無論是距離或時間，人際關係都需要最適當的距離。這一點從和辻哲郎提倡的「間柄」（人際交往關係）觀念即可看出端倪。和辻認為人間（人類）就是人與人之間，也就是屬於關係性的存在。正因如此，距離才會如此重要。保持中立的思考方法有助於建構圓滑的人際關係。

▼「依賴」——信賴他人的思考方法

依賴這個詞彙聽起來帶有負面的意義，事實上並非如此。**親鸞的絕對他力法門認為，所有的救贖皆來自於阿彌陀佛的力量。**因此從結果來說，不只是努力向善的好人，任何人都能得到救贖。

人很容易自以為是，以為自己什麼都做得到。事實上，這是不可能的事情。明白自己的極限，必要時將事情交給別人處理，也是很重要的觀念。不只是主張絕對他力的佛教徒，基本上日本人懂得依賴他人，這是日本人比較幸運的地方。

我猜想或許是因為天皇制的關係，日本人容易在不知不覺間依賴他人。

【依賴】

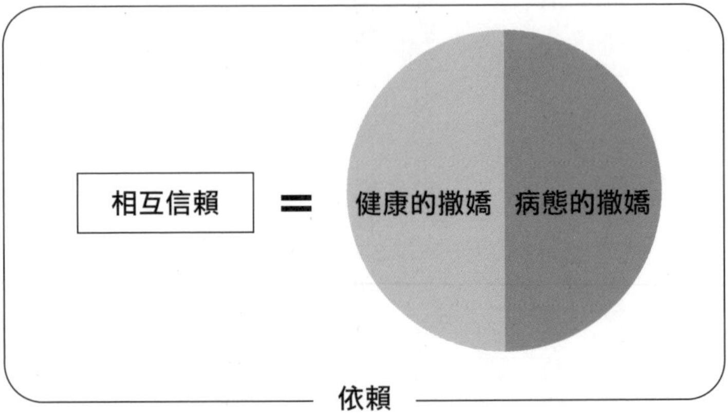

日本的天皇制是貫徹日本歷史的精神支柱，無論政治局勢如何混亂都未曾動搖。丸山真男等人認為這是民主主義無法在日本生根的原因，我個人也抱持相同看法。總的來說，無論是國家基幹或小民的人生，所有的一切都要仰賴天皇這個強大的力量。

土居健郎的《日本人的心理結構》從精神分析的見解探究日本人的依賴心理，土居將人際關係中，獲得周圍好感的行為稱為「撒嬌」。不僅如此，**土居還將源自於**

自戀心理的撒嬌行為稱為「病態的撒嬌」；基於互相信賴的撒嬌行為稱為「健康的撒嬌」，主張社會需要的是健康的撒嬌。

也就是說，在互相信賴的基礎上依賴他人的社會才是健康的。日本社會原本就是建立在互相信賴的基礎上，儘管現代社會的互信關係較為薄弱，但並非完全沒有。比起西方社會，日本社會可以說是一個充滿信賴的社會。這一點從良好的治安就能看出，由此可見，依賴他人是一件很棒的事情。

▼「發洩精力」──有張有弛的思考方法

日本有許多祭典，包括地區性的小型祭典與全國性的知名慶典，日本一整年都有各式各樣的大小祭典在各地舉行。不過，祭典並非天天舉行，而是一年一次，在短期間內舉辦慶祝儀式。只不過這樣的慶祝儀式全國各地都有。

簡單來說，人們在平時過著安詳寧靜的日子，只有遇到舉辦祭典的時

【發洩精力】

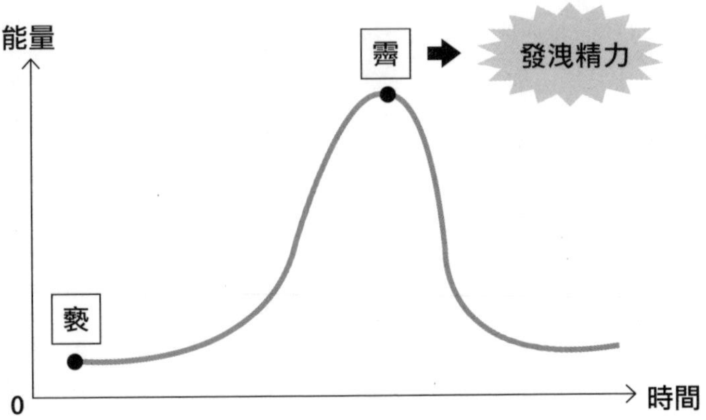

期，才會像變了一個人一樣，充分發洩精力。這種「有張有弛」的生活型態可以用「霽」與「褻」來表現。**「霽」與「褻」是日本民俗學家柳田國男提倡的觀念，也是具有非日常性與日常性相對意義的詞彙。**據說這個觀念來自於稻作的生長過程，最有力的證明就是通常舉辦祭典時，都是收成稻作的時候。簡單來說，只要遇到稻作生長的重要時期，人們就會舉辦祭典。

此外，日文「霽」（ハレ）的讀音來自「轉晴」（晴れ），給人

一種光明喜氣的感覺。日本人常說的「ハレの日」意指婚宴等值得特別慶祝的日子，人們在這一天到來之前，會刻意過著普通的日常生活；這可以說是一種蓄積能量的行為。基本上日本人天性認真嚴謹，平時努力抑制能量發散，才能在特別的節日徹底發洩精力。

有鑑於此，某種程度上，發洩精力是很適合日本人的觀念。若是像平時就很樂觀開朗、每天過得很愉快的拉丁美洲國家的國民，就不需要在特別的日子發洩精力。日本人有張有弛的生活型態，能在必要的時候全力以赴。

發洩精力的思考方法就是有張有弛的觀念，也是將所有精力投注在某件事情上不可或缺的觀念。人的精力有限，如何有效運用將是事情成敗的關鍵。

▼「推移」——創造的思考方法

推移是變化遷移之意，在日本「推移」並不只是物理上的移動，還能用來描述各式各樣的狀況。例如心態轉變、事物逐漸式微、顏色改變的模樣，甚至是花朵凋零的現象。

推移特指與現在截然不同的狀況，而且還**帶有一點人力無法改變扭轉的意義**，較接近佛教所說的無常觀。人們必須領悟，世上所有事物都會變化，沒人能改變。

日本研究家唐納德．基恩（Donald Keene）在NHK戰後七十週年的電視節目上，舉出了日本人的五大特徵，分別是「曖昧（餘韻）」、「對無常的共鳴」、「有禮貌」、「愛乾淨」、「努力工作」。前面兩點「曖昧」與「對無常的共鳴」可說是另一種推移的表現。事實上，在闡述無常這一點時，基恩以義經這位英雄為例，義經剛開始意氣風發，可惜最後引

【推移】

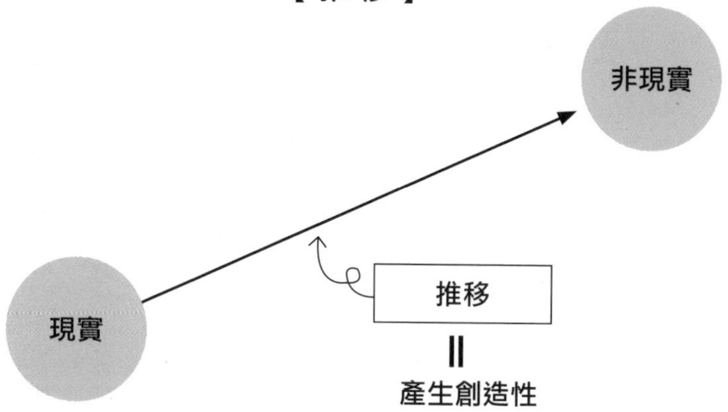

刀自裁，以悲劇落幕。基恩透過義經，對於人類的脆弱表現出同情之意。

話說回來，這並不代表所有事物都會往不好的方向前進。《平家物語》描述的榮枯盛衰，是從極盡繁華的平家走向沒落衰敗的角度體現。但若從打倒平家的源氏立場來看，義朝死後，其子賴朝從帶罪之身成功建立鎌倉幕府。從整體世界來思考，榮枯盛衰都是同樣的道理。

關於這一點，日本文化研究家

松岡正剛將從現實轉移至非現實這件事稱為「推移」。他的看法十分有趣，因為他認為推移的行為是一種創造的過程。

美國的動漫大多屬於勸善懲惡的單純故事，《超人》就是最具代表性的例子；相較於此，日本動漫充滿創意，建構出不可思議的世界。由於這個緣故，日本漫畫與動畫在全世界深受好評。

我不得不認為日本人之所以能建構出充滿創造力的動漫世界，就是因為從現實轉移至非現實的「推移」思想發揮了作用。我也在寫虛構故事，所以我很了解，在看過現實世界之後，若不讓自己的內心往非現實世界移動，無法創造出虛擬故事的世界。就像作夢般，讓自己的想像力飛翔，逐漸改變心靈。西方國家貫徹合乎邏輯的單一思想，因此無法產生「推移」的觀念，這也是日本獨創的思考方法，不只影響了動畫與漫畫，也改變了日本社會。

▼「尚小」——享受餘韻的思想

以前曾有電視節目報導，日文的「カワイイ」（可愛）一詞在法國掀起一股流行熱潮。節目中還播出身材比日本大叔高大的法國高中生，拿著小巧的擺飾品，用日語說「カワイイ」的橋段。不可否認的，日本商品尺寸都很小，製作十分精美，以可愛來形容最適合不過。

美國作風是「什麼都要大」，相較之下，**日本刻意追求「小巧」的意境（尚小）**。日本有一種「極簡主義」的思想。回溯一九六〇年代，藝術界將去除多餘、追求機能美的做法稱為極簡主義，到了日本卻變成創造小巧物品的結果。不過話說回來，去除多餘元素之後，事物自然就會變小。

事實上，日本自古就有這樣的想法。日本人認為缺陷是一種美。清少納言在《枕草子》中描寫的「凡是小的東西全都可愛」就是最好的例子，她認為不完美才是好的。或許是因為缺陷與不完美的部分充滿想像空間，

【尚小】

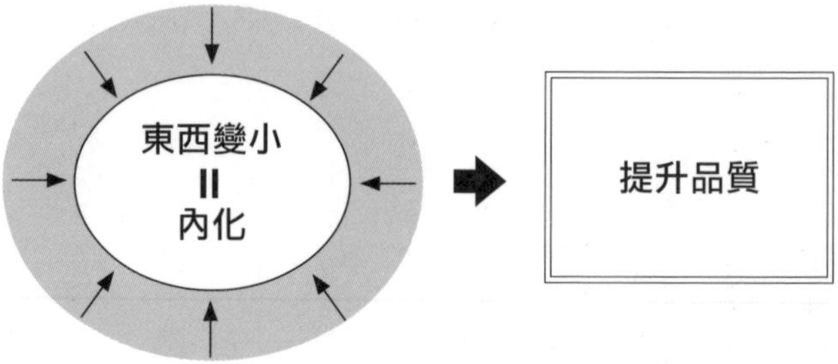

才會吸引人們的注意。

與其完全攤在陽光下毫不掩飾，保留一些想像空間更有魅力，這樣的事情所在多有，小說和電影即為一例。我認為這也與人喜歡享受餘韻的心情有關，完全的付出比不上有所保留更引人入勝。

同樣的，我們對於小的東西會覺得可愛、想要憐惜，這些感覺或許也是一種想像，更是一種餘韻。

正因如此，我們才會刻意追求小的東西。不可諱言的，日本土地狹小，受到天生地理條件的限制，不得不製造小巧的東西。不過，如果出發點如此消極，不可能製造出高品質的好東西。

日本的小東西不是小而已，製作精良才是重點。說的具體一點，以內化取代外擴。將所有心力投注於內在，才能提升小東西的品質，這一點充分發揮在手作領域裡。

有鑑於此，尚小的思考方法不只是去除多餘，更不是縮小尺寸而已，而是拓展內在的宇宙。這就是小東西充滿無限魅力的原因。

▼「尚雅」——不受時間束縛的思考方法

日文「雅」（みやび）這個詞彙給人一種優雅美好的印象。我出生於京都，對這個字特別有感覺。京都的城市氛圍就是「雅」。事實上，みやび源自「都」（みやこ）這個字，帶有「充滿都會感」之意。

雖說是都會，但並不是像現代東京那樣的大城市，而是指「時髦、時

【尚雅】

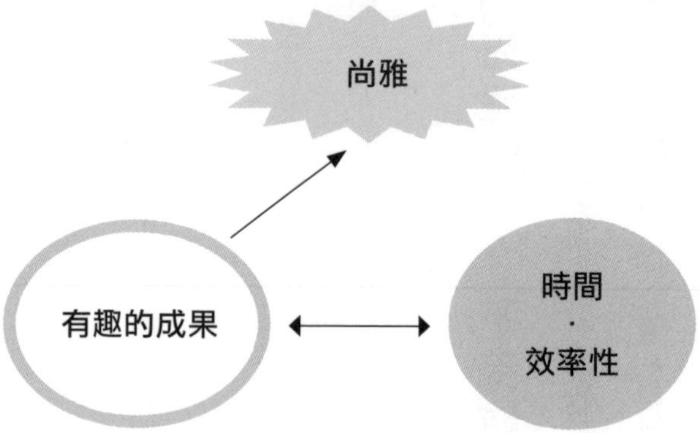

尚的場所」。京都是外國旅客最想造訪的城市，或許是因為京都有很多寺廟、神社，在外國旅客眼中充滿異國風情，加上風雅的城市氛圍，才會受到這麼多人喜愛。事實上，京都也是日本旅客最愛的城市。

如果風雅變成一種思想，又會變得如何？顧名思義，尚雅是優雅地完成事物之意。不，也可以說是優雅地構思創意。優雅地思考、優雅地表現出各種行為舉止，這就是尚雅的意義；宛如平安時代的貴族一般。

總而言之，就是不受到時間與效率束縛。被時間追著跑、一心追求效率，手忙腳亂的狀態下，無法想出好點子，也做不出好作品。我們需要在看似無限的時間洪流中慢慢思考，享受奢華的氛圍。

仔細想想，平安貴族們每天都在寶貴的時間中，悠閒地玩樂人生。「遊びをせんとや生れけむ、戯れせんとや生れけん、遊ぶ子供の声きけば、我が身さえこそ動がるれ（孩子應該是為了玩樂和嬉戲才會降臨人世，每次聽到孩子們玩耍的聲音，我也不自覺地動了起來）。」這是《梁塵秘抄》很有名的段落，充分表現出貴族的生活與精神。

某種程度來說，日本人都是平安貴族的子孫。因此，無論做什麼事，只要掌握尚雅的準則，絕對能在庸庸碌碌的時代裡，創造出有趣的成果。

▼「簡樸化」——追求真正需要的思考方法

「侘寂」是最常被提出的日本思想，這是將兩個類似的概念（侘與寂）結合在一起的思想，我們先來了解侘與寂的個別意思。日本自古就有侘這個字，原意是悲傷、不安。室町時代的和尚村田珠光以侘重新定義茶湯之美，加上其他種種原因的影響，到了安土桃山時代之後，侘這個字開始具有正面意義。**當人處於缺乏貧匱的狀態，才能體會到簡樸寂簡的好處。**

侘指的是物資上的缺乏，相較之下，**寂則是指心情上的孤獨**。松尾芭蕉的俳諧表現出恬靜、寂寥的境地，則是寂的最佳體現。我認為簡樸化是侘與寂的共通點。

不只是茶道、俳諧這些傳統藝能，日本在所有事物上都崇尚簡樸。優衣庫（UNIQLO）和無印良品成為世界品牌，就是日本式簡樸化概念深受好評的最佳證明。

【簡樸化】

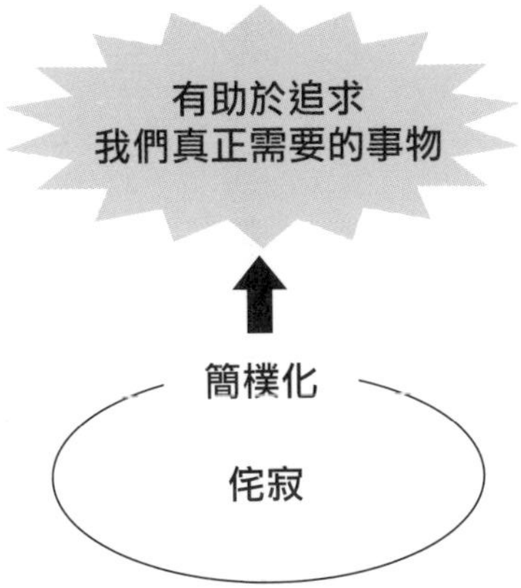

顏色簡樸、外形也簡樸，這不僅不寂寥，反而是一種美，甚至還具備卓越的功能性。這就是簡樸化思想亟欲做到的境界。遺憾的是，我們在做任何事情的時候，總是忍不住想要增加、擴張或做得更華麗。付諸行動是一種充滿動能的行為，會有這樣的想法也無可厚非，但這個做法無法發揮日本的優點。

當我們付諸行動，表現出充滿動能的行為，更應該在想法上去繁化簡，或追求簡樸化。如此一來，就不會增加多餘的東西、做無謂的擴張，並能從一開始追求真正需要的東西。

當然，我們也可以在事後去除多餘的東西，但要簡化疊床架屋的成果，不是一件簡單的事情。如果這個成果來自於第三者的創意，很可能遭遇種種原因而無法簡化；因此，從一開始就從簡樸化的立場思考，才是最好的做法。

▼專心致志——不妥協的思考方法

大家都說日本人的手很巧。但我認為日本人不是天生手巧，而是後天變得手巧。這是因為日本人做任何事都專心致志。當你專心致志就容易做得很仔細，自然而然變成能工巧匠。

包括傳統工藝在內，日本的手作工藝十分精巧用心。長久以往下來，讓日本人的雙手變得十分靈巧。話說回來，日本人做事為什麼如此專注？其實只要稍微想一下，就能明白箇中道理。我們之所以專心做一件事，不

【專心致志】

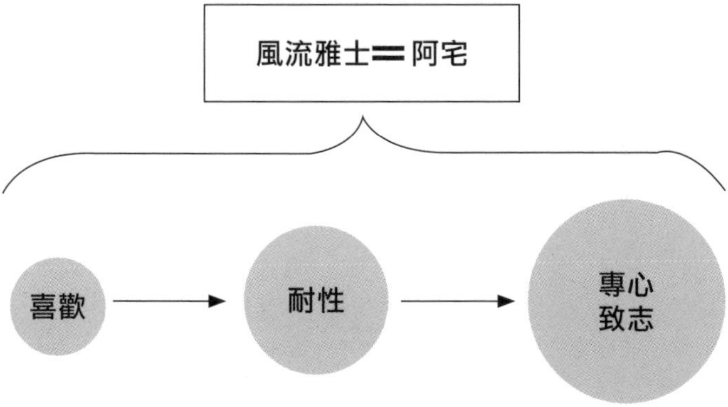

就是基於我們對這件事情的喜愛嗎？當人愛上一件事，就會專心致志、全心投入。**在日本，風流雅士稱為「数寄者」，「数寄」與「好き」（喜歡）來自於同一個語源。**

一般來說，風流雅士指的是熱衷於藝道之人。某種程度上也是指偏執頑固的人，相當於現代社會的阿宅（御宅族）。阿宅原本就是形容專心投入興趣嗜好的人，尤其是熱衷動漫與漫畫的族群。因此，當阿宅成為創作者時，他們會做出唯妙唯肖的公仔人偶，製作出精緻優質的動畫。

過去阿宅總被視為個性陰暗、古怪孤僻的代名詞，並未受到平等對待，如今已進入以酷日本為主流的時代，阿宅成為時代寵兒也是理所當然的道理。與阿宅一樣幾近偏執地熱衷藝道的風流雅士，正是支持日本傳統藝能大放異彩的主力。

專心致志地做一件事一定可以做出好的成果，但專心致志的好處不只如此。專心致志可以培養一個人的毅力，當一個人耐性不足，就無法專心致志。**絕不妥協的毅力也是日本人的特質之一**。事實上，專心致志的特質與相即不離有關。專心致志讓人產生耐性，有了耐性才能專心致志。

當日本人以「專心致志」稱讚別人，就是肯定對方所做的努力。相對的，日本人也會為了想得到別人的肯定專心做一件事。

▼「貫徹義理」——備受尊崇的思考方法

大家都認為日本人做事貫徹義理，這對我們日本人來說是理所當然的道理，因此難免會覺得外國人做事有些草率馬虎。對西方人來說，日本人重視義理的行為簡直匪夷所思。只要是對自己有恩之人，日本人甚至會犧牲自己的性命來報恩。

這類貫徹義理的思想自古就以人情義理的形式存在於日本社會，**江戶時代《浮世草子》的作者井原西鶴，與人形淨琉璃的劇作家近松門左衛門表現出進退兩難的情感就是最好的例子**。他們最擅長描寫貫徹義理會讓自己感到為難，但又不能違背義理這種內心的糾葛。近松創作的殉情故事是最極致的表現。為了貫徹義理，日本人不惜獻出生命，西方人完全無法理解這一點。

日本的黑道電影也經常描寫義理與人情，日本人喜歡黑道電影，但絕

【貫徹義理】

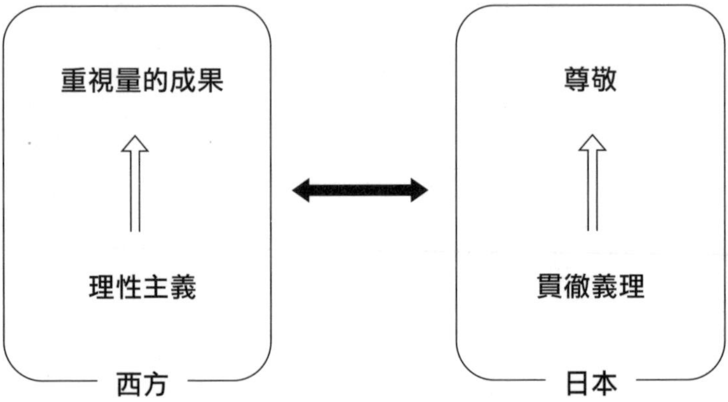

不崇尚暴力。日本人並非受到暴力吸引，而是在萬不得已的情況下討伐敵人，最後犧牲自己、成就義理的劇情深深打動日本人的心。

從某種程度來說，這樣的生存之道很笨拙。如果聰明一點懂得變通，自己就不會被殺，也無須犧牲生命。不過，黑道電影的主角做不到這一點，這種笨拙的堅持正是其魅力所在。

日本人將貫徹義理的思想運用在人生中的各種場合，從日常生活到商業貿易皆然。不，與其說是利用，應該說日本人是自然而然地變成這個樣子。不過，若能有意識地運用這個思想，我認為效果一定會更好。當價值觀變得多樣化，人在做判斷時就容易迷失，此時日本人會刻意選擇貫徹義理的道路。儘管這條路會讓自己付出代價，卻能做到西方人不可能實現的大義抉擇。

從西方重視的理性主義和功利主義的角度來看，西方人做出的成果一定要有量。若這個成果與金錢有關，那麼一定要選擇可以獲利的選項。然而，在貫徹義理的思想中，金錢一點也不重要，最重要的是人心。這就是日本人受到所有人尊敬的原因。

第3章

日本哲學名著

信手拈來哲學經典

《古事記》

闡述日本起源的神話故事

《古事記》是日本最古老的歷史書，和歷史最悠久的名著，這是我選擇介紹它的原因。不僅如此，至今市面上仍持續推出相關的解說書籍和口語譯本，這也使它成為現在最暢銷的經典之作。《古事記》是西元七一二年，由太安萬侶撰錄而成。

原著使用的並非正規漢文，而是結合漢字音訓而成的變體漢文，此為其特色所在。另外，書中以「倭」這個字，而非「日本」這個對外名稱稱呼自己的國家；從這一點來看，這本史書的目標族群並非外國人，而是寫給本國國民看的。

《古事記》收錄的時代從神代開始，歷經初代神武天皇，一直到第三十三代推古天皇。分成上中下三卷，上卷的內容為神話、中卷與下卷則是敘述歷代政治。

具體來說，上卷的主題是建立國家的故事。由形成高天原的天之御中主神、高御產巢日神等天神們領導人類，建立了地上的葦原中國。

接著伊邪那岐命（伊奘諾尊）與伊邪那美命（伊奘冉尊）二神受天神的命令，結為夫妻，到地上形成世界。伊邪那美命產下火神，卻被火燒傷而殞命，伊邪那岐命追到黃泉之國打算帶回自己的妻子。伊邪那岐命返回地面後，為了淨化身上的汙穢而進行「禊祓」儀式，於是生出天照大神和建速須佐之男命兩位天神。天照大神後來成為高天原的主神，其後代子孫也以葦原中國統治者之姿降臨，因此被尊稱為天皇。總結來說，《古事記》**是為了確立天皇統治地上世界的正統性，回溯世界初始等發展歷程的作品。**

中卷的內容是從初代神武天皇到第十五代應神天皇的歷史故事，記錄日本武尊（倭建命）的英雄傳說、神功皇后的新羅遠征傳等故事。相對於此，下卷主述的是第十六代仁德天皇到第三十三代推古天皇的歷史故事，詳述木梨輕皇子的悲戀故事、雄略天皇與一言主神相遇的故事等。

日本人從這些神話建構出日本神祇的概念，共同擁有日本身為天皇國家的整體意象。

《日本書紀》

以世界為對象所寫的首部日本史書

日本人素來將《古事記》和《日本書紀》稱為記紀神話，因此本書也特別介紹與《古事記》並列為古代歷史書的《日本書紀》。之所以將這兩本稱為記紀神話，是因為這兩本史書寫於同一時期，有許多可以互相對照的內容。

《日本書紀》由舍人親王編纂，西元七二〇年完成。全書共三十卷，以編年體的方式記載神代到持統天皇的歷史。一、二卷為神代，三卷以後記錄著神武天皇到持統天皇的時代史實。

從內容面來說，《日本書紀》有別於《古事記》，不尊崇高天原，天地是從渾沌狀態分化成對等世界開始的，所有神祇都誕生於天地之間。雖然書中也出現了伊奘諾尊與伊奘冉尊，但在此書中稱為陽神與陰神，祂們不是受到天神的命令創造世界，而是自己生出地上的國土。陰陽論的世界觀是《日本書紀》最大的特徵。

《日本書紀》強調的不是國家誕生的故事，而是天武天皇、持統天皇時代的記述。也就是說，《日本書紀》聚焦的是當時的「現在這一刻」。由於這個緣故，《日本書紀》參考許多紀錄和文獻，論述相當詳盡，是一本禁得起外部評價的史書。

從形式上來說，《日本書紀》使用的是當時廣泛普及於東亞的漢文撰寫，也以「日本」稱呼自己的國家。從這一點可以明顯看出**這是一本對外宣揚「日本」與天皇統治的史書**。

當時的日本效法中國，剛剛建立律令體制。因此，撰寫《日本書紀》的目的也是為了向周遭國家宣示在東亞成立天皇制國家的創舉。反過來說，各位要先記住《日本書紀》是一本具有上述目的的史書。事實上，《日本書紀》也經常因為這一點受到外界批判。無論哪個時代，歷史述說的都是掌權者的歷史，history 就是 his story，這是普遍存在的事實。在面對自己國家的史書時，千萬不要忘記客觀的觀點。

《萬葉集》

古人靈魂的呼喊

我在本書介紹《萬葉集》的原因，是因為歌謠在日本一直占有重要地位，而且它是日本第一本歌謠集。《萬葉集》以短歌為主，收錄了四千五百首以上的和歌。它的完成時期與編輯者至今仍未釐清，一般認為是奈良時代到平安時代的初期統合而成。

從形式上來說，《萬葉集》是用萬葉假名撰寫而成，萬葉假名是用漢字的發音表現日語音節。此外，和歌作者橫跨各個階層，包括天皇、著名的宮廷詩人、武人、農民、乞丐等。

從內容上來說，在此之前出版的《古事記》等作品描繪的都是神話世界，但《萬葉集》主要以大自然為創作題材。**作者將人們的心情融入大自**

然之中，歌頌吟詠。

具體內容包括直接以大自然為主題的四季之歌，還有雜歌、輓歌與相聞歌。雜歌指的是包括公家活動在內，與生活有關的歌。輓歌則是弔唁死者之歌。相聞歌是吟詠男女情愛的和歌。

此外，不同時期的《萬葉集》展現出不同風格變遷，總共可分為四期。第一期是舒明天皇到壬申之亂的時代，簡樸中帶有清新感，活潑開朗的音律是其特色所在。第二期是壬申之亂到遷都平城京的時代，像是要配合完備律令制的步伐，這個階段的和歌風格相當工整，包括枕詞等表現技法，與長歌、短歌的形式等。第三期是平城京遷都到奈良時代前期，受到大陸思想和文化輸入的影響，逐漸走向知性風格，開始轉變成細膩且複雜的表現。第四期為奈良時代中期，受到政治發展受阻的影響，充滿感傷風格的和歌增多，不再以表現力量為主流，內容趨向理智，同時注重技巧。

雖是同一本歌集，但收錄時代十分寬廣，和歌也來自不同社會階級的作者，因此無法只以一句話來形容整本書的特色。不過可以確定的是，《萬葉集》可說是日本古人靈魂的呼喊。身為後代子孫的我們，必須不時傾聽他們的聲音。

空海《十住心論》

了解密宗的指南書

《十住心論》的正式名稱為《秘密曼荼羅十住心論》，是空海的主要著作。我將這本書列入哲學經典，不只因為空海本身是代表日本的重要哲學家，更因為我就讀的高中與空海淵源頗深，《十住心論》是我接觸的第一本日本哲學書。只不過當時是在宗教課上聽老師解說內容，並非親自閱讀。

空海在《十住心論》中認為人心實相是垂直轉升的軸，可幫助參禪者達到真言宗闡述的開悟最高境界。簡單來說，人可在心往上升的過程中，獲得極致的一切智。根據空海的說法，密宗的開悟之心才能治療「無明」心病，並將開悟之心分成十階段說明。

第一階段為「異生羝羊心」，亦即不知善惡的迷心與妄執。第二階段為「愚童持齋心」，此為向善的前兆。第三階段為「嬰童無畏心」，也就是透過佛教以外的宗教獲得安寧之心。第四階段為「唯蘊無我心」，聲聞乘（小乘）的修行者之心。第五階段為「拔業因種心」，緣覺乘（小乘）的修行者之心。第六階段為「他緣大乘心」，大乘佛教中實行利他的法相宗人之心。第七階段為「覺心不生心」，即是三論宗修行者之心。第八階段為「一道無為心」，是天台宗修行者之心。第九階段為「極無自性心」，是華嚴宗修行者之心。第十階段為「秘密莊嚴心」，亦即密宗的開悟之心。

第一到第三階段為佛教以外的階段，第四到第九階段為佛教中顯宗的階段，只有第十階段是佛教中密宗的階段。

總而言之，《十住心論》**指出人出生時皆處於無法判斷善惡的迷惘階段，必須透過磨練心志的修行過程，才能從痛苦中解脫，看見光明。**重點在於，包括平衡修練身（身體）、口（思考）、意（心）的三密修行在內，密宗的所有修行才是佛教中最出色的修行之道。

紫式部《源氏物語》

平安時代最受歡迎的通俗愛情劇

《源氏物語》可說是日本文學史上最傑出的作品，這也是它入選的原因。許多專家學者投入心力進行各種研究，對於《源氏物語》的作者、卷數、成立時期、執筆動機等，至今仍眾說紛紜。在此我以最為人所熟知的論述為主，為各位介紹這本書。根據最主流的論述，作者是平安時代的女性作家紫式部。她是一位才華洋溢的名媛，當時包括藤原道長在內的王公貴族皆引頸期盼她發表的最新內容。簡單來說，紫式部是那個年代的暢銷作家。

《源氏物語》是一部總共有五十四帖的長篇小說，主題很明確，就是愛情故事。主角光源氏是桐壺帝與桐壺更衣之子，才氣過人、外型出眾，素有「光之君」的稱號。無奈他是次子，不可能成為皇太子，而且他一生多情，和許多女子產生情感糾葛。首先，他愛上父親的皇后藤壺。因為藤壺長得很像光源氏死去的母親。

之後他不斷流連於花叢間，包括他從小養育的藤壺哥哥之女紫之上，還有他流放須磨時認識的明石之君等。於此同時，光源氏也順利站上了權力顛峰，享盡榮華富貴。

出乎意料的是，光源氏的正妻女三宮與柏木私通，生下一子，名為薰之君。他的人生從此急轉直下。他將妻子私通視為是自己行為不檢的報應，不再留戀人世。此外，本書的最後描寫光源氏死後的世界，以其子薰之君為主角。其中最有名的是以宇治為舞台的宇治十帖，內容描述充滿佛教無常觀的愛情故事。

《源氏物語》是一部平安時代最受歡迎的通俗愛情劇。日本人類學家中澤新一認為**本書是由權力與性愛這兩條線交織而成，並將這個故事稱為「權力的情色小說」**，這個見解十分到位。我相信當時的王公貴族一定每天不眠不休地讀著這部交織著性愛與權力、充滿愛恨情仇的通俗劇。歷經一千多年，至今仍是非常受歡迎的經典名著。

吉田兼好《徒然草》

充滿無常觀的日本部落客始祖

選擇《徒然草》的原因在於這本書的內容簡直就是散文集始祖，或者可說是有史以來的第一個部落格。其實還有另一個原因，那就是這本書是我寫文章的學習範本。《徒然草》與清少納言的《枕草子》、鴨長明的《方丈記》並列為三大隨筆，是吉田兼好撰寫的名著。他在序中寫道：「竟日無聊，對硯枯坐，心鏡之中，瑣事紛現，漫然書之，有不甚可理喻者，亦可怪也。」毫不掩飾自己的執筆動機，十分有名。

簡而言之，吉田兼好想到什麼就寫什麼，沒想到一寫就停不下來。整部作品共分兩卷，總計兩百四十三段文章，體現出散文的本質。有別於生硬的論文，散文的魅力在於寫下心中所想的自然描述。其中最出色的便是

「花非盛開，月非滿圓，才值得一看」這類無常觀的表現。或許因為吉田兼好本身是名出家人，因此他能在非盛開的花與非滿圓的月等不斷更迭的大自然景物中，體悟無常之美。最極致的表現莫過於「無常的世界最美麗」。

我去美國參加日本研究學會的會議時，有一位美國研究家以《徒然草》為主題舉辦研討會，他的會議室高朋滿座，完全不像其他研討會那樣乏人問津。**我相信他們都是受到這個西方完全沒有、日本獨有的無常觀所吸引。**

話說回來，《徒然草》的魅力不只如此，對於人類與社會的敏銳觀察也是其特色之一。從不可優柔寡斷的「最簡單的地方最容易失敗」這段內文，可以看出兼好對於人性的觀察相當細微，留下了現代社會也通用的箴言。正因如此，《徒然草》才會變成日本學校教育體系中必讀的經典。

兼好也是一位知名歌人，因此他寫的詞藻十分優美，閱讀《徒然草》就像聽一首雋永的歌，感受到令人愉悅的節奏。日本式的無常觀、充滿智慧的箴言和愉悅的節奏——這就是我寫文章時以《徒然草》為範本的主因。

山本常朝《葉隱》

努力活下去的倫理

《葉隱》入選的原因與稍後介紹的新渡戶稻造《武士道》不同，這本書直接地表現出日本原有的武士道精神。《葉隱》表現出刻意想在江戶時代這個太平盛世中，貫徹武士道原有精神的思想。眾所周知的名言「武士道即為知死之道」就是最經典的例子。

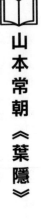

雖說是死，但可不是死了就好，赴死過程的精神才是最重要的。常朝認為面臨生死關頭的時候，抱持著必死的覺悟赴死，這個死亡就有意義。在太平盛世倡議這個理念，聽起來像是為了上戰場的士兵所做的訓話。或許是因為現實世界中不可能實現，才要刻意說得很激烈、很純粹。

常朝的思想可說是一種理想主義，其中也包括忠於主君的觀念。常朝將忠於主君比喻成無法坦然說出真心的炙熱「忍戀」，因此當主君死亡，武士也必須殉死。如同柏拉圖式愛情（platonic love）是理想主義的極致，常朝也試圖描繪永恆的理想。

簡單來說，《葉隱》藉由理想化戰國時代武士道的方式，對於這個砍去武士手腳的時代表達抗議。除了理想主義之外，《葉隱》也將戰前的日本軍隊譽為經典，成為宣揚軍國主義的範本。舉例來說，「武士道即醉心於死，遣數十人以殺害一人」，這段話指的是連死都不怕地奮戰的武士，即使派數十人也未必殺得了他。當時這句話被擴大解釋，用來正當化神風特攻隊的行為。

誠如上述所說，《葉隱》描繪的武士道不僅純粹，還有各種解讀方法。因此，要將《葉隱》當成努力活下去的倫理運用，或是單純作為戰爭工具，或許只能交由讀者個人的見解來決定。

本居宣長《古事記傳》

日本真正的神祇解說書

《古事記傳》是本居宣長撰寫的《古事記》注釋書。雖說是注釋，但宣長在書中闡述了許多自己對於神與世界的見解。此外，提到宣長，其最有名的著作是《玉勝間》。《古事記傳》是他受到老師賀茂真淵所託，內容多達四十四卷的大作，這本書可說是他的主要著作。

若簡單形容《古事記傳》的旨趣，就是要顯示《古事記》比《日本書紀》重要，對於當時強烈影響日本的中國，展現出日本的獨特性。從第一卷相當於解釋作品的序〈直毘靈〉一文中，即可清楚看出這一點。相較於重複易姓革命、更替政權的中國，日本一直延續天照大神以來的皇統，宣長認為這是日本勝過中國之處。

為了證實自己的主張，他批評從儒學觀點解釋的《日本書紀》精神為漢意，應以言詞忠實呈現過去的真實樣貌。總而言之，就是要跟《古事記》一樣，使用與漢字不同的口語言詞「和語」（大和言葉）；從這層意義來說，《古事記傳》對於確立「和語」為日本民族語言做出極大貢獻。

此外，《古事記傳》也大膽挑戰過去一直以《日本書紀》為中心形成的既有神道世界。原因很簡單，《日本書紀》建構的神祇世界是以「國常立尊」為中心，宣長鼓吹的是忠實呈現《古事記》文獻的「天御中主尊」中心主義。

宣長想做的就是明確塑造日本固有神祇的真實樣貌。從這點來說，就算《古事記》描述的神是真正的神，只要解釋錯誤，人們就無法正確理解。**宣長想透過《古事記傳》修正錯誤的解讀，亦即排除基於漢意所做的見解，希望人們正確理解神。**

《古事記傳》對於後來的國學家產生極大影響，如今只要討論到日本的固有性，無論哪個學術領域都會參考這本經典古籍。

新渡戶稻造《武士道》

成為世界倫理的武士道

繼《葉隱》之後，新渡戶稻造的《武士道》是書單中第二本關於「武士道」的著作。這本書之所以入列，除了這是現在海外最知名的武士道書籍之外，對於全球菁英來說，武士道早已成為日本思想的代名詞。

話說回來，這本書其實和戰國時代以來傳統武士道的流派截然不同，從完全獨立的觀點闡述充滿異質性的武士道。事實上，新渡戶親自表示，他對於江戶時代以前的武士道毫無所悉。他甚至認為武士道是自己造的新詞，因此就這一點來看，新渡戶的武士道十分特別。

不僅如此，新渡戶的武士道之所以特別，原因在於這本書是基督徒為了基督教所寫。新渡戶是一名基督徒，他以英文撰寫武士道，向西方人介紹日本精神，目的是要說明日本的道德與基督教教義契合。

由於這個緣故，《武士道》具備了西方人可以接受的普遍性。**總而言之，新渡戶的武士道思想雖然在日本很特別，在全球觀點中卻具有普遍性。從《武士道》一開頭將日本的武士道與西方的騎士道放在一起說明，就能看出其具有特殊性的普遍性。**《武士道》的論述從頭到尾貫徹了利用與西方思想類比的方式解讀武士道的作風，也是其特色所在。

新渡戶為了將武士道形塑為日本的獨特思想，他刻意在書中使用「Bushido」這個原創用語。諷刺的是，新渡戶的武士道並非「武士道」，不過是從西方觀念描繪出與傳統截然不同的「Bushido」罷了。

生活在武士道之國的日本人在充分了解新渡戶《武士道》的特殊性之後，必須將新渡戶挖掘出的、作為世界理論的武士道普遍性宣揚於全世界。

福澤諭吉《學問之勸》

超越時代的日常啟蒙書

福澤諭吉為了闡述自己所處年代需要的學問意義，撰寫了一本啟蒙書，名為《學問之勸》。一言以蔽之，就是鼓勵個人勤於實學，誠如「一身獨立，而一國獨立」所說，諭吉論述的是邁向真正的獨立國家之道。

本書最有名的是開宗明義的經典名句「天不在人上造人，亦不在人下造人」，這就是所謂的天賦人權思想。人應生而平等，為什麼現實世界中卻有如此大的差異？福澤認為這個問題的答案在於「做不做學問」。

勤做學問的人一路往上爬，若不做學問，就會成為社會裡的愚者。對於這樣的想法，當時的社會也批判學問導致的階級差異，福澤想強調的是只要做學問，就連難以跨越的身分藩籬也能克服。總而言之，那些有身分的人都不是靠家世取得地位，而是靠做學問獲得的成果，所以任何人都能靠學問出人頭地。說到底，福澤主張只要做學問就能飛黃騰達，亦即贏得穩固的社會地位。從這一點來說，也帶有批評江戶時代既有制度之意。

儘管《學問之勸》勸大家勤做學問，但不是勸大家蒙著頭胡亂學習。不僅如此，**福澤對比江戶時代的日本重視的儒學，強調實學，也就是西方技術等在未來的時代中，可發揮作用的學問十分重要，也強調其必要性。**

本書直到二十一世紀的現在仍廣為流傳，不斷重出新版，相關書籍也不時成為暢銷書。儘管時代狀況早已截然不同，為何還是有這麼多人閱讀《學問之勸》？我猜想這是因為透過學問改變人生的命題，無論在哪個時代都是普遍存在的觀念。我們超越時代，至今仍持續受到福澤的啟蒙。

西周《百一新論》

在日本介紹「哲學」的書

《百一新論》是西周首創「哲學」二字的書籍，加上我是哲學家，因此將本書列入書單之中。更重要的是，本書內容與福澤的《學問之勸》一樣，皆象徵啟蒙期的日本思想。

《百一新論》是西周的代表作，內容來自其在私塾上課時的講義。將「philosophy」翻譯成「哲學」，也是在其講義之中。一開始「philosophy」翻成「性理之學」，還翻成「希哲學」，隱喻希求哲智之意，最後才底定為「哲學」。

西周在本書中將理分為人人身處的「天然自然之理」，與存在於人人心中的「人類心存之理」。前者是物理現象，後者指的是心理與社會現象。

不僅如此，西周將後者稱為「後天之理」，主張雖為後天，但遵從天理，創建法律與制度的作為就是「道」。

根據道所創建的法律與制度，帶有彼此尊重我為人人、人人為我的「自愛自立之心」的意義。唯有如此，人類才可能創造文明。話說回來，西周重視物理與心理兩個層面，正因如此才會寫出《百一新論》，認為「兼論物理與心理的哲學」是將百種教義合而為一的理論。

唯一要注意的是，西周在本書的最後一行寫道：「雖說要兼論，但絕不能混為一談。」的確，哲學是能在同一個基礎上討論所有事物的萬能學問，西周也不斷強調這一點。話雖如此，也絕不能用哲學取代所有學問。

哲學只是個基礎，每個不同的學問都有紮實的做法與智慧。西周冷靜透徹的見解，讓哲學避免被烙印上詭異學問的刻板印象。

西田幾多郎《善的研究》

日本哲學的範本

選擇《善的研究》的原因很簡單，這是第一本真正的日本哲學書。《善的研究》是明治時代的暢銷書，據說上市前還有許多讀者徹夜排隊等著買書。西田幾多郎在本書中提出疑問：「什麼是欲疑而不可疑的直接知識？」這個問題的答案是尚未有主觀客觀之分，也沒有知情意區別的「純粹經驗」。純粹經驗意指進入經驗前的原初狀態，就像是意識事物前的忘我狀態。說的更具體一點，當我們聽音樂，腦中忍不住會想「這是哪首歌？」純粹經驗就是腦中產生想法的前一刻的狀態。

西田認為各種純粹經驗會集結成一個經驗，最後形成意志，描繪出完整體系。有趣的是，他卻沒有說明握有掌控權的是個人。這一點也是日本哲學與西方哲學大異其趣之處。

西田將純粹經驗視為貫穿自他的統一力的基礎，也是宇宙整體的統一力，並用「無」來表現無限的意義。西田所說的善是在追求宇宙統一力的無與自我意志的一致。

西田又在之後發表的論文〈場所〉中，發展獨特的無的概念。人類意識在運作時，主觀會包含客觀，此意識正是映照出對象的「場所」。因此為了掌握所有對象，必須具備無限大的意識，這就是「無的場所」。

西田年輕時多次參禪，可以理解他有這樣的想法。**西田的哲學以西方哲學為基礎，巧妙結合日本思想，也就是禪的思想。**這種融合的狀態也成為後來日本哲學的範本。西田在日本確立了哲學的實踐方法。從這一點來說，依照此方法研究哲學的現代人仍無法真正地超越西田。

九鬼周造《偶然性的問題》

讓人愛上命運的哲學書

之所以選這本書，是因為這是少數討論偶然性的哲學書。儘管我們的人生充滿了偶然性，我們平時卻毫不在意。原因在於我們心中充滿不安。所有人都害怕承認自己的存在只是偶然。

根據九鬼的論述，偶然性會打破事物存在於同一性意義下的必然性，意指絕不可能統合的二元性。無的作用產生了偶然性，儘管如此，偶然性絕非只有否定的存在。

對於偶然卻已存在的事物，九鬼將其稱為「分離的偶然」。不可否認的是，那是從無數可能性中誕生出來的。九鬼在這裡看到了無限的展望。他說：「關於偶然性哲學中形而上學的展望，此現實世界並非唯一可能的世界，不過是無數可能世界中的一個，我們要熱烈地肯定現實的靜。」

正因如此，我們才會對於目前擁有的偶然性產生命運之愛。你會感謝自己擁有的一切，於此同時，也會尊重他人擁有的偶然性與命運。**無的作用為我們帶來偶然的命運之愛，九鬼對這一點給予十分肯定的評價。**

綜觀九鬼的人生歷程，不難理解他的主張。九鬼的母親與美術家岡倉天心私奔，後來生下他。這不是九鬼期望的出身，只是偶然地在這樣的境遇下長大罷了。我相信他的成長過程充滿煩惱，但最後他還是接受了自己的命運。

九鬼在西田幾多郎的邀請下進入京都帝國大學，加上他在自己的書中討論「無」，可以看出他繼承了西田的無之哲學。他利用偶然性這個概念展開無的討論，從這一點來看，九鬼可說是西田創設的京都學派的旁支。

三木清《構想力的邏輯》

提及哲學創造性的書

三木清是京都學派創設者西田幾多郎的愛徒，正因如此，他刻意批評西田的哲學，企圖超越師父。相較於西田以無作為思索的基礎，三木以「虛無」為根基，從中闡述透過「構想力」形成事物的原理。

話說回來，三木一路走來的過程並非一帆風順。首先，他因為和女性發生醜聞錯失京都大學的職位，接著開始研究馬克思主義，卻遭人檢舉向共產黨提供資金。於是他遠離馬克思主義，最後失去教職，專心寫作。

歷經波折後，他潛心研究「歷史哲學」。根據三木的說法，歷史分成三種，一是歷史事件，也就是「存在歷史」；二是歷史事件的描述，也就是「邏各斯歷史」；三是創造歷史的行為，也就是「事實歷史」。第三個

「事實歷史」是三木自創的，可將其看作是不斷運作發展的原始、根源性歷史。

由於這個緣故，事實歷史會不斷創造新的歷史。他假設歷史創造的根源是人類的創造力，也就是他所說的「構想力」。一言以蔽之，構想力就是邏各斯（logos）與情感（pathos）的根源，兩者統一，產生創造的作用。三木認為人類的根源是虛無，極力主張虛無具有創造力。

根據三木的說法，他區分人類與動物的差異，來自於人類利用構想力創造出各種形狀的特性。簡單來說，**人類與動物不同，人類不會配合外部環境，而是利用構想力改變事物的形狀。人類主體與環境結合的作用即為技術。**

哲學的目的是探究事物本質，從三本的思想中可以感受到超越此目的、具有創造性的行為。不過，他不只是挖出被埋沒的本質，而是從中創造。仔細想想，其實我們每天都在創造。從這一層意義來說，三木所說的構想力或許才是人類本質。

和辻哲郎《風土》

讓人思考多文化共生的教科書

我選這本書是因為它明確記述日本人與其他國家民眾不同的心理特徵與原因。為什麼日本人是這樣的個性？和辻在本書中將風土分成季風型、沙漠型與牧場型三種。

季風型是東亞與東南亞的典型風土。此區域受到季風影響，孕育出適合植物生長的高溫多溼環境。人民也受惠於這樣的環境，過著農耕生活。另一方面，季風型風土的特性是產生洪水、颱風等變化劇烈的自然現象，養成當地居民對大自然較具包容性或較為順從的個性。

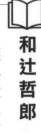

沙漠型是西亞、內陸亞洲和非洲的典型風土。當地居民身處在嚴酷的乾燥沙漠之中，過著放牧生活，拚死與大自然對抗。由於這個緣故，養成勇於對抗大自然和其他部族的戰鬥性格。

牧場型是歐洲的典型風土。乾季和雨季每年輪流交替，為了配合自然環境，當地居民過著農耕畜牧的生活。簡單來說，大自然理性地、有計畫性地支配著當地居民的生活，使得人們的思想充滿邏輯性。

日本處於季風型風土，因此日本人的個性較具包容性，也較為順從。如此一來，風土不同的其他共同體的成員們究竟該如何相互理解才是重點。

關於這一點，和辻認為「人的自覺通常得透過他者才得以實現」，提出「旅行者體驗的驗證法」概念。總而言之，文化的自我認識必須透過異文化體驗才能成立。

重點在於，此驗證法不只影響旅行者個人，也會影響共同體的文化。原因在於旅行者會以某種形式影響當地文化，同時也會將自己受到的影響推廣到其他地方。事實上，異國文化就是以這樣的方式普及於世界各地。

風土差異會產生不同的文化與個性，話雖如此，這絕對不是不可克服的問題。在全球化時代中，《風土》可說是思考多元文化共生不可或缺的教科書。

丸山真男《日本的思想》

西方與日本的分類圖

《日本的思想》是丸山真男的著作中最為人所熟知，內容也最淺顯易懂的作品，因此我選了這本書。本書是由兩篇論文和兩場演講集結而成，整體來說是對戰後日本人提出的一個完整問題。

首先，日本在明治時代形成了一個獨特的政治概念，也就是所謂的國體。丸山嚴正指出國體的問題。國體指的是以天皇為中心的帝國憲法體制呈現出的國家統治型態，但實際內容相當曖昧不明，反而帶來絕對的權威。他點出的問題是國體內容不只曖昧，天皇身邊的人以輔弼的形式擅自揣測天皇的意志，推動各種政務，建構出一個無責任體制。重點在於，這件事情會影響到處於體制最末端的市民社會。

由於這個緣故，丸山主張每個人都應該自立，以自己為主體參與社會，並以從「自然」社會轉變成「作為」社會的原理來形容。簡單來說，「自然」社會指的是以前近代社會固定下來的人際關係為基礎的道德。不過，在事物快速變化發展的近代社會中，這類被動性道德無法因應社會需求。正因如此，才需要「作為」社會的主動性道德。

此外，丸山也在本書中將學問分成兩個獨特型態加以說明。簡單來說，西方社會中各專業領域的基礎部分都與其他領域互相交流，這樣的型態稱為「竹刷子型」。相較之下，日本社會各專業領域都很封閉，不與其他領域交流，這樣的型態稱為「章魚壺型」。有鑑於此，**克服章魚壺型的封閉性便成為近代社會的課題**。簡潔明快、獨樹一格的分類方式表現出丸山的絕頂功力。

丸山一連串的主張聽起來像是對西方社會的讚美，事實上我們更該著眼於他精準揭開的日本特殊性。從不同立場來解讀，「作為」的原理和「章魚壺型」都有其意義。事實上，丸山也在本書的結語表示，希望所有讀者都有自己的解讀方法。

土居健郎《日本人的心理結構》

被撒嬌入侵的日本社會處方箋

選這本書的原因不只是《日本人的心理結構》是日本論的名著，也是海外學者最常研究的對象。土居健郎是一位精神科醫生，他在《日本人的心理結構》精準分析日本社會的構造。「撒嬌」這個詞彙十分新穎，過去只用來形容幼兒期未成熟的心性。不過，土居指出撒嬌也會影響成年人的人際關係，是日本社會的基礎。

有趣的是，他認為撒嬌對成年人來說，是健康的精神生活不可或缺的特質。因為對他人撒嬌，等於是建構出一個接納他人的開放世界。儘管如此，若這個世界沒有撒嬌，結果將會如何？土居對此敲響警鐘，認為若是如此將帶來極大的混亂與壓力。

話說回來，為什麼日本社會存在著撒嬌特性？土居認為此現象的原因在於天皇制。簡單來說，儘管天皇的身分最尊貴，但他無法決定自己的意志。在戰前尤其如此。而且還在整個日本社會架構出撒嬌的構造。

最後土居將所有人都像孩子一樣撒嬌的現代社會現象比喻成一種退行現象，但也認為這可能是創造出全新文化的必要步驟。如今四十多年過去，我們仍未找到答案。找不到答案的原因在於，我們目前依舊處於土居所說的退行現象之中。

《日本人的心理結構》提出了「撒嬌」這個全新的學術用語，更將撒嬌與日本社會的本質連結，若說此書是發現全新日本樣貌的功臣，一點也不為過。從這本書出版之後，外界看日本人就像是真的生活在撒嬌之中似的。但這是精神科醫師土居健郎的治療效果，亦或是真實情況，我們自己必須看清這一點。為此，我們還得勤於研究才行。

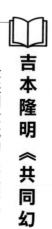

吉本隆明《共同幻想論》

全共鬥世代的永恆經典

吉本隆明素有戰後最大思想家之稱，《共同幻想論》是他的代表作，所以我選了這本書。吉本是代表新左翼的文學理論家，他在總結安保鬥爭的論文〈擬制的終焉〉裡，針對共產黨的前衛思想大肆批判，尤其對於強迫日本社會接受陌生的民主主義和市民社會等概念之行為表達抗議。

另一方面，他對於丸山真男奉為前提的西歐近代國家，也批評為「不過是擬制罷了」。話說回來，國家原本就是基於民俗傳統發展而成的幻想共同體，他應該是看到了最底層的幻想共同性，才會如此評論。

有鑑於此，他主張只要每個人的意識深植於太古時代以來的民俗性、宗教性的心性與生活樣式，基於馬克思主義這類理論推動的解放行為就不可能實現。這一點可說是《共同幻想論》的主題。

吉本**探討了古代世界共同幻想的生成與王朝的成立，他認為既是共同幻想，人們其實不希望真的發生革命**。普羅大眾集古代王朝以來的幻想共同體於一身，如果失去了幻想就無法生存，這就是左翼想達成的革命不可能實現的原因。

吉本想要徹底地與大眾站在一起，這一直是他身為在野思想家的特色，也是他受歡迎的祕訣。相較於看不起全共鬥學生的知識分子丸山真男，吉本認為知識分子更應該踴躍加入「大眾的原像」才是。大眾的原像是以在日常中努力生活的普通人為模型的理想型態。總而言之，吉本呼籲知識分子要隨時將普通人的正常生活放在心裡，為大眾發聲。

此後，吉本隆明也針對流行時尚等時代主題提出議論。話說回來，在全共鬥世代之間，只要提到吉本就會聯想到《共同幻想論》這本經典，他烙印在人們心中永恆的大眾英雄形象，可說是真正的共同幻想。

柄谷行人《日本近代文學的起源》

揭開近代日本文學真面目的書籍

柄谷行人可說是名揚海外的現役現代思想家，在其眾多著作中，我刻意選擇了三十多年前出版的《日本近代文學的起源》，本書不僅在許多國家推出翻譯本，更是日本研究必需的教科書。

柄谷後來大幅修改此書內容，推出「定本」，在此我想向各位介紹海外菁英也很熟悉的「原版」。誠如柄谷自己所說的，這本書推出過許多版本，長年受到讀者喜愛，具有歷史價值。

柄谷先是談論「風景」的發現，他認為描寫風景才能真正發現深刻的意義。再者，因為有對外在事物無關心的「內部之人」發現意義，這些人才可以找到自己的「內面性」（人的內在心理世界）。

明治時代的「言文一致」運動將這兩個發現連結在一起，這個時代將說出來的話直接寫成文字，可以寫出更接近「內面」的文體。柄谷想用「內面的發現」確立「言文一致」的制度。

不僅如此，柄谷認為日本的「近代文學」隨著告白的形式展開。有趣的是，告白這個制度誕生了應告白的內面與真實的自己。總而言之，正因為有告白的制度，才能產生該隱藏的部分。

乍看之下，風景與告白的概念似乎是普遍存在的東西，事實上，這些都是明治時代製造出來的產物。儘管如此，文學還是將其描寫成隨處可見的普遍性事物。本書特別著眼於明治二〇年代，企圖驗證文學制度的起源，同時也成為我們堅信不移的內面的起源。

東浩紀《動物化的後現代》

確立學問界御宅族的里程碑作品

《動物化的後現代》之所以入選，是因為近幾年國外將書名翻譯為《Otaku:Japan's Database Animals》，是海外研究家一定要研讀的新教科書。

大家常說御宅族文化起源於江戶文化，本書首先反對這樣的論點。東浩紀認為御宅族文化並非來自江戶文化，而是為了效法美國文化，結果卻弄巧成拙，反而誕生出日本的特殊文化。

不僅如此，他也指出此獨特的御宅族文化，在後現代的現在成為一種資料庫。總而言之，御宅族文化並不存在大型故事，亦即以整部作品為優先的消費方式，而是創作者從資料庫中擷取出消費者喜歡的部分進行二次創作，擅自發展出類似「萌角色」這類與原作毫無關係的登場人物。簡單來說，御宅族文化不需要故事，是一個「大型的非故事」領域。

話說回來，在此後現代的狀況中，不斷進行資料庫消費的人性究竟是什麼？東浩紀借用黑格爾研究家科耶夫（Alexandre Kojève）的論點，展開獨特的爭辯。

簡單來說，就是區分出不斷滿足慾望的動物，以及對於單純的滿足慾望感到不滿足的人類。人類對於單純的滿足慾望感到不滿足的原因在於追求他者的慾望，亦即建立起主體間性的慾望。換言之，**唯有追求與他人溝通的人類才是人類，若不追求這一點，一味地滿足自己的慾望，就是動物化現象**。東浩紀認為這才是現代御宅族的特徵。

在本書出版的年代，御宅族這個名詞還備受各界質疑，論壇與學院派人士完全不將它當成一回事。不過，多虧有東浩紀，御宅族如今不只是論壇寵兒，更是全球學院派最矚目的對象。本書可說是討論御宅族的濫觴，是一本具有里程碑意義的作品。

第4章

日本哲學的經典人物

效法前人的生存之道

聖德太子【574—622】塑造日本型態的先驅

聖德太子的本名為廐戶，一般認為他是用明天皇的皇子，在推古天皇身邊攝政，掌握實權。

其主要功績包括形成以天皇為中心的統一國家，制定冠位十二階制，排列豪門貴族的順序。此外，也以佛教為基礎制定十七條憲法。

誠如十七條憲法開宗明義指出的「以和為貴，無忤為宗」，「和的精神」是聖德太子最為人所知的思想。

POINT

- 根據記載，聖德太子能一次聽多人說話，而且記得住所有人的意見。
- 英文名字為 Prince Shotoku。

空海

【774—835】創造日本佛教的天才

空海是真言宗的始祖，逝世後稱為弘法大師。三十歲渡唐，接觸密宗。主張真言宗可實現開悟的世界，亦可即身成佛。總而言之，就是透過三密瑜伽之修行，亦即心懷作為開悟世界圖示的曼荼羅，口誦真言，手結印契（印相），與本尊結為一體。

此外，空海也熱衷於社會事業，盡心創立可說是日本第一間私立大學的綜藝種智院，提供庶民教育的場所。空海本人擅長書道與詩文，被尊稱為三筆之一。著作包括《十住心論》、《三教指歸》。

POINT

・有日本第一位哲學家之稱。
・由於書法功力出眾少有錯漏，而衍生出「弘法筆誤」（意指弘法大師也有筆誤之時）的格言。

親鸞【1173－1262】打破佛教禁忌的異端分子

親鸞是鎌倉時代的僧侶，也是淨土真宗之祖。嚴格來說，親鸞接下其師父法然確立的淨土宗後，不墨守成規，發展出淨土真宗。

親鸞認為相信阿彌陀佛，對往生淨土的信仰是阿彌陀佛所賦予。不僅如此，他也提倡將一切付託於阿彌陀佛之手的「自然法爾」態度。這就是所謂的絕對他力思想。最後還演變出唯有歸命於彌陀本願的惡人才能獲得救贖的思想，提倡惡人正機說。親鸞不只成親，也吃魚肉，實踐肉食妻帶的修行方式，這一點相當有名。著作包括《教行信證》、《和讚》等。

POINT

・親鸞本人充滿人性魅力，吉川英治與五木寬之等許多小說家都寫過他的傳記。

・不少哲學家將其弟子收錄親鸞言論編纂而成的《歎異抄》譽為最傑出的書籍。

道元【1200－1253】不迎合權力的思想家

道元是曹洞宗的開祖，提倡實踐禪的只管打坐，主張站在佛的立場進行佛的修行。道元在南宋接觸禪，發現坐禪不是開悟的手段，坐禪本身就是修行，也是開悟。

道元為了實踐自己的教義，堅決不迎合權力，待在永平寺的山居中貫徹只管打坐，一輩子修行。不只如此，他對自己的弟子也十分嚴格，凡是收受掌權者餽贈的弟子全都趕出門。對他來說，生活就是佛法的實踐。著作包括《正法眼藏》、《普勸坐禪儀》等。

POINT

·道元不只受到德國哲學家馬丁．海德格爾推崇，更被譽為日本第一位哲學家。

·《正法眼藏》曾經推出德文翻譯本。

世阿彌 【1363—1436】 為日本帶來新藝能的男子

世阿彌是能的集大成者，也是申樂一座代表人物觀阿彌的兒子，在足利義滿將軍的庇護下，致力於能的發展。少年時期即是一位長相俊美的童子，深受公家二條良基的喜愛。可惜晚年被流放至佐渡，一生波折不斷。

說到世阿彌的能有何特色，以歌舞為基礎的夢幻能絕對是其中之一。現在能的主角皆為實際存在的人物，相較於此，夢幻能的主角則是神、靈等超自然存在。世阿彌所著的能劇理論書《風姿花傳》雖以排練要義為主，但也是深受好評的思想書。

POINT

·許多海外研究家將《風姿花傳》當成哲學書鑽研。

·能劇經常舉辦海外公演，由於能劇起源自中國大陸傳入的藝能，原本就具備全球化要素。

千利休【1529―1591】為侘茶奉獻生命的茶人

安土桃山時代的茶人。最初為織田信長的茶頭之一，後來在秀吉時代成為天下第一的茶湯宗匠。當時盛行豪華書院的茶，千利休堅守簡樸的草庵茶風格，成為他的最大特色，也被稱為「侘茶」。

此外，利休傾心於禪，重視「和敬清寂」之心，強調主客之間互相尊重謙敬，保持清淨的茶室品質與氣氛。

雖然眾說紛紜，但利休的下場令人感到遺憾。據傳利休在大德寺山門擺放自己的木像，此舉引來秀吉大怒，命令他切腹自殺。無論如何，當時利休的實際影響力早已超越權力至高無上的豐臣秀吉，使得秀吉忌憚，這一點無庸置疑。

POINT

- 許多作品都提及利休，或以利休為主角，山本兼一的《利休之死》還被翻拍成電影。
- 利休的存在象徵文化人的影響力也不輸給當權者。

山本常朝【1659—1719】

貫徹武士美學的奉公者

山本常朝是知名武士道論述書籍《葉隱》的作者。不過，《葉隱》只是他的口述作品。山本常朝是佐賀藩士，在藩主鍋島光茂身邊擔任近侍，盡心奉公。他根據自己的經驗，闡述武士奉公的心得，最後寫成《葉隱》一書。

原本的武士道應為對戰心得，卻因為常朝生存的時代已是太平盛世，顯得不合時宜。或許是這個緣故，才會格外嚮往為主君盡忠這樣的態度。

著作包括《愚見集》、《書置》等。

POINT

- 從常朝對主君盡忠的表現，可以看出同性之愛在武士之間習以為常。
- 常朝在四十二歲出家前，名字唸法為「TSUNETOMO」；出家後的唸法為「JŌCHŌ」。

新渡戶稻造【1862—1933】全球化人才的始祖

教育家。就讀札幌農學校，受洗成為基督徒。後來前往美國和德國留學，在許多大學擔任教職，根據基督教義從事人格主義教育。最後，就像他曾經誓言的「我要當太平洋之橋」，擔任國際聯盟事務次長，成為日本與國外交流的橋梁。

以英文撰寫《武士道》闡述日本人的固有精神，武士道具有包容性，可以容納基督教等不同教義。沒想到最後沒有達成初衷，《武士道》反而成為向國外宣揚日本精神獨特性的重要手段。

POINT

- 《武士道》一開始就是以英文書寫出版，成為日本精神在海外的代名詞。
- 新渡戶稻造是全球化人才的先驅，至今仍具有代表性。

二宮尊德【1787—1856】勤勉節儉的典型

二宮尊德是江戶時代的農政家，以二宮金次郎之名為人所熟知。從小生長在貧窮家庭，一邊工作一邊讀書的努力態度成為日本的勤勉典範。

他的思想叫做報德思想，主張懷德報恩。具體做法是分度、推讓，前者指的是配合自己的經濟能力，建立合理的生活型態；後者則是勤儉持家，累積財富。

受到尊德思想影響的民眾發起報德運動，對於明治以後的日本社會帶來許多改變。由其弟子編纂的《二宮翁夜話》是宣揚其思想最重要的著作。

POINT

- 二宮尊德的思想是日本式節約的典型，深受海外研究家注目。
- 日本人習慣以「二宮金次郎」來形容勤勉之人。

本居宣長【1730—1801】日本自古以來的精神之發現者

江戶中期的日本國學家。本居宣長深受其師父賀茂真淵影響，可說是國學的集大成者。相傳有一天，真淵從江戶路過松坂，在此地住一晚。宣長當夜到下榻處與真淵見面，真淵還將自己未完成的《古事記》研究託付給宣長。兩人雖然只見這麼一次面，卻覺得心意相通。歷史上將這段史實稱為「松坂的一夜」。

宣長認為《古事記》描述的神祇世界是日本特有的優點，其他國家完全沒有。因此他捨棄漢意，努力宣揚日本自古以來的精神。著作包括《古事記傳》、《玉勝間》等。

POINT

- 由於文章脈絡的特性，本居宣長曾經名列排外主義者之列。
- 每當提及只接受過一次教導便成為師徒關係這類事情，就會舉「松坂的一夜」為例。

佐久間象山【1811—1684】和魂洋才的提倡者

江戶末期的西學者。象山出身於長野松代藩，根據兵法的現實主義提倡開國論，也是教唆吉田松陰偷渡的幕後黑手。中國在鴉片戰爭敗給英國，這一點讓象山深受衝擊，主張應積極吸收西方技術。

話說回來，就物理實證的「窮理」來說，西方科學確實比較卓越；但若是道德倫理的「窮理」，儒學（朱子學）絕對比較出色。因此他標榜「東洋道德、西洋藝術（技術）」論。

這就是所謂的和魂洋才思想。亦即向西方學習的終究只是技術，內在的魂只要保持日本原樣即可。主要著作為《省諐錄》。

POINT

・倡導和魂洋才的佐久間象山，某種意義上可說是全球化思想的先驅。

・許多電影或連續劇將其描寫為個性桀驁不馴的人。

吉田松陰

【1830—1859】

將生命奉獻給教育的革命家

幕末志工、尊王思想家。在長州藩萩城松下村塾授課，培育許多幕末志工。松陰遊學江戶時遇到佐久間象山，深受影響。

黑船來航時，在象山的扇動下打算偷渡，結果失敗入獄。最後因計畫襲擊老中（江戶幕府的官職名，是征夷大將軍直屬的官員，負責統領全國政務）引發安政大獄，被送往江戶判處死刑。

其思想為「一君萬民論」，顧名思義，所有人民皆聚集在天下萬民的主君，也就是天皇之下，竭誠盡忠。有鑑於此，他提倡在野人民一起站出來成就大事的草莽崛起概念。著作包括《幽囚錄》、《講孟余話》等。

POINT

- 松下村塾成為世界遺產，松陰也成為世界聞名的人物。
- 出身地山口縣尊稱其為「松陰老師」。

內村鑑三

【1861—1930】為信念而生的基督徒

基督徒、思想家。內村鑑三從札幌農學校畢業後前往美國，成為一名虔誠的基督徒。他在擔任第一高等教育的約聘教員時，在教育敕語宣讀式上拒絕向明治天皇像敬禮而被迫辭職，從這起不敬事件中不難看出他的虔誠之心。

內村提出兩個Ｊ的概念。他認為耶穌（Jesus）與日本（Japan）這兩個Ｊ絕非矛盾，信仰耶穌能幫助日本人重新找回原有精神。著作包括《代表的日本人》、《我如何成為基督徒》等。

POINT

・從不敬事件與非戰論的史實來看，內村鑑三可以說是貫徹自我信念的人物典範。

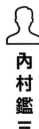

・《我如何成為基督徒》這本書的名稱成為其他書取名時的參考，例如將基督徒改成其他名詞，變成《我如何成為〇〇〇》。

柳田國男【1875—1962】 發現日本人起源的男子

日本民俗學的創始者。柳田卸下農商務省官僚身分後，專心致力於樹立日本民俗學。其基本態度是著眼於包括山地在內、生活於日本邊境的人民生活，敲響近代化的警鐘。

常民是龐大的柳田民俗學體系最具象徵性的概念。常民指的是無名小卒組成的階級，某種意義上，這是從百姓到天皇，所有日本人共通的身分認同概念。換句話說，柳田發現了日本人共通的起源。著作包括《遠野物語》、《民間傳承論》等。

POINT

・他將田野調查變成文學，深受好評。

・曾經擔任國際聯盟委員，展現出全球化的一面。

福澤諭吉【1834－1901】引領近代日本的啟蒙思想家

明治時期的啟蒙思想家，福澤原本是大分中津藩下級官員的子弟，因接觸西學開拓自己的人生道路。不僅如此，還成立應慶義塾大學，致力於教育，實踐自己的思想。

其思想首重批評封建式教學與道德，他認為個人的自立與獨立才能讓國家強盛。為此，必須學習理性且實用的學問，因此撰寫了赫赫有名的《學問之勸》。福澤主張「脫亞入歐」論，他認為日本應與西方國家為伍，和不進行近代化改革的亞洲各國分道揚鑣。著作包括《西洋事情》、《文明論之概略》等。

POINT

・「諭吉」在現代已成為一萬日圓紙鈔的代名詞。
・福澤諭吉是民眾心目中理想領導人選之一。

西周【1829—1897】哲學用語之父

明治時期的哲學家。西周出身於津和野藩，雖在藩校教儒學，但深刻感受到西學的重要性，於是脫藩。之後赴荷蘭留學，學習約翰・史都華・彌爾與奧古斯特・孔德的實證主義，回國後在幕府擔任開成所教授，成為教師。此外，與福澤諭吉等人皆為啟蒙思想家團體「明六社」的中心人物。

西周最大的功績包括翻譯出「哲學」這個名詞，將許多西方哲學用語翻譯成日語。從這一層意義來說，他可以說是引進西方哲學的幕後功臣。西周的代表著作是《百一新論》，事實上，這本書是根據他在私塾授課的講義編纂而成。

POINT

・談論「哲學」這個名詞時一定會提到西周。
・森鷗外的親戚，雙方的老家住得很近。

西田幾多郎【1870－1945】日本哲學之父

近代日本的哲學家，京都學派創始者。身為京都帝國大學教授，與自己培育的眾多弟子和夥伴一起建構日本獨特的哲學思想。由於這個緣故，外界稱他為京都學派創始者。他最喜歡一邊思考，一邊散步的小路也成為觀光名勝，取名為「哲學之道」。

西田哲學的特徵在於融合西方思想與親身實踐的禪學思想，十分特殊。一九一一年發表的《善的研究》可說是其思想精髓，儘管內容艱澀難懂，卻成為當時的暢銷書。著作包括《無的自覺的限定》、《從活動者到能見者》等。

POINT

・翻譯本著作很多，是海外知名度最高的日本哲學家。
・無論在日本或國外，都是研究度最高的日本哲學家。

田邊元【1885—1962】

懺悔戰前哲學之過的男子

京都學派哲學家。在京都帝國大學中，可說是西田幾多郎的接班人。因撰寫《科學概論》等書確立科學哲學。

田邊沿襲西田哲學後並不墨守成規，提倡「種」的意義，發展出惡名昭彰的「種的理論」。為何以惡名昭彰來形容？那是因為受到戰前軍國主義的影響，他提出的種與極權主義國家的民族概念結合在一起。不過，田邊並非真心鼓吹軍國主義的意識形態。他後來撰寫了《作為懺悔道的哲學》，不僅批判將日本帶往悲慘命運的自主力量，也痛心地追究日本的戰爭責任。

POINT

・從數學科轉而學習哲學科，求學經歷相當特別。
・晚年與作家野上彌生子談戀愛，兩人生前的書信往返出版成書，掀起話題。

丸山真男【1914—1996】日本政治思想史的集大成者

政治學家。丸山可說是從學問的角度，將日本政治思想史集大成的人。戰後他立刻發表了〈超國家主義的理論與心理〉一文，探討法西斯主義的問題，瞬間打響知名度。後來成為東京大學教授，研究日本政治思想史的同時，也嚴厲批判現實政治，成為論壇的活躍分子。就這一點來說，他算是戰後民主主義的意見領袖之一。

此外，丸山在《日本的思想》等書中分析日本文化，提出許多充滿印象性的概念，例如他認為西方學問屬於竹刷子型，日本學問屬於章魚壺型；

也提出日本從「自然」社會轉變成「作為」社會的必要性等。

POINT

- 在海外深受好評，著作也推出許多翻譯本。
- 擅長時事評論，結合學院派與新聞學風格。

吉本隆明【1924—2012】戰後最大的在野思想家

在野思想家、詩人。吉本隆明一直以在野身分發表言論。原本就讀理科，對於寫詩感興趣，加上熱衷普羅文學，最後辭去工作，正式展開言論活動。

基本上，吉本將遠離大眾生活意識的支配性意識形態視為敵人，大肆批評。他經常站在生活者的立場，與國家權力或知識分子展開辯論。他最有名的作品是《共同幻想論》，在書中指出國家的存在是國民共同抱持的幻想，也就是虛構出來的故事。主張應該將國家相對化。

POINT

・貫徹在野身分，培養出一群忠實的吉本信者。
・親生女兒是小說家吉本芭娜娜，是揚名國內外的作家。

第5章

日本哲學的必備用語

讓語言成為思考的方法

本地垂跡（神道）

Point
將不同事物一體化的工夫

自從佛教傳入之後，日本不斷在摸索佛教與神道共存的方法。中世以後，發展出神佛習合的觀念，也就是將神佛混合視同一體，稱為本地垂跡思想。

在本地垂跡的思想中，本體的佛以具體的神明形態現身。如此一來，神從守護共同體的存在，轉變成與佛教一樣救贖個人的存在。總的來說，神話和儀式也因為佛教思想而有意義。根據密宗教義，闡述神祇信仰意義的《中臣祓訓解》可說是其典型。

將不同宗教視為一體的工夫是日本特有的作風。當你遇到需要將不同事物一體化的情形，不妨充分運用本地垂跡思想。

絕對他力（親鸞）

Point

放下重擔的生存祕訣

淨土真宗的開祖親鸞認為相信阿彌陀佛，對往生淨土的信仰是阿彌陀佛所賦予，這是所謂的絕對他力思想。**總的來說，個人的努力無法救世普渡，唯有我佛慈悲才能獲得救贖。**

如此一來，並非只有努力不懈之人與善人才能獲得救贖，並依此衍生出心懷煩惱的惡人才能獲得救贖的惡人正機說。親鸞的主張降低了佛教的門檻，有效地擴張了信者的人數。仔細想想，這個世界上有許多事情光靠自己的力量也沒用。再說，幾乎所有人都是充滿煩惱的普通人。從這一點來說，即使不是佛教徒，只要抱持絕對他力的想法，至少可以稍微放下肩膀的重擔，好好活下去。

只管打坐（道元）

Point

高度資訊化社會的生存智慧

禪宗一派的曹洞宗開祖道元主張專心打坐便能悟道，稱為「只管打坐」。其他的佛教流派還有禮拜、誦經等儀式，曹洞宗完全去除這些儀式，只從事坐禪。道元表示坐禪不單只是修行方法，更是開悟之道。

道元主張**只管打坐可使身體與精神遠離一切執著，進入頓悟的境地**。只要進入無我的境地，就能實現人類的本性，亦即佛性，獲得內心安寧。此無我境地稱為身心脫落。

現代社會充斥過多資訊，不難理解禪和瑜伽為何如此盛行。當我們修禪或做瑜伽時，內心沒有任何雜念，追尋自己認為對的事情，讓心成無。道元主張的只管打坐或許可以說是高度資訊化社會的生存智慧。

花（世阿彌）

Point 日本的驚喜精神

世阿彌在《風姿花傳》中，以花的概念闡述能的神髓。觀眾的眼神與演員之間的緊張關係是構成能的重要關鍵，有鑑於此，**演員的主觀絕不能太強。相反的，若過於迎合觀眾，就會破壞演技。唯有在此微妙關係中才能開「花」。**

誠如書中「隱密為花，外顯不成花」這句名言所示，隱藏部分才能透過意外驚喜感動觀眾。就像我們看一本小說時，如果先翻到後面看結局，或是遇到劇情發展完全如自己預料的戲劇，一定無法受到感動。不過話說回來，若只有驚喜，也無法令人感動。

美國人很喜歡誇張華麗的驚喜，但了解「花」之真諦的日本人絕非如此。我們必須仔細思考自己與對方之間的關係，努力為對方帶來最貼切、最極致的驚喜。

Point

理氣二元論（朱子學）

回歸人類本性的契機

理氣二元論是朱子學的原理，**「氣」塑造了事物的存在，構成世界的物質，「理」則是內在的秩序與法則，為世界賦予意義。**

這個理論也能套用在人類身上，上天賦與人類的「性」原本就是「理」，此為「性即理」。然而，人類容易偏離理，走向惡的道路。正因如此，我們更應該回歸「本然之性」。實踐方法包括就個別具體的事物，追求背後存在的「道理」，也就是具有客觀性的「窮理」或「格物致知」；

以及強調主體、內省的修養法「居敬」。

朱子學是武士一定要學習的道理，重視的是精神的修養。儘管我們並不是武士，仍要努力回歸人類本性。就這一點而言，了解理氣二元論對我們來說相當重要。

先王之道（荻生徂徠）

Point
結合思想與實用的觀點

朱子學可說是江戶時代的主流，荻生徂徠批判朱子學，提倡古文辭學。古文辭學指的是在當代文脈中研究形成孔子思想基礎的《六經》。

其中心概念為先王之道。聖人之道非天地自然之道，而是為了安定天下，由先王，也就是中國古代聖人們創造出來的道路；**具體來說，就是社**

會制度與政治技術。有鑑於此，儒學必須是「經世濟民之學」，企圖將道德從政治經濟中獨立出來。經濟一詞就是從此觀念而來。徂徠是當時很早便提倡實用意義之人，可說是近代的先驅。身處於現代的我們在討論思想與哲學時，很容易流於抽象議論，這一點絕對不可取。我們應該隨時警惕自己，明白我們的議論如何有利於社會。

萬人直耕（安藤昌益）

Point 從農業思考社會

江戶中期的思想家安藤昌益認為農民是「直耕的天子」。他曾大肆批評封建社會，很長一段時間不再提及自己的思想，直到戰後因諾曼·赫伯特（Egerton Herbert Norman）寫的《被遺忘了的思想家》，再次成為一名思想家。

昌益很尊重農民，認為他們是勤於農耕的天子。因此，他將所有人一起從事稻作農耕的平等社會稱為「自然世」，由武士統治的階級社會稱為「法世」，提倡以「自然世」為理想的「萬人直耕」思想。

此外，**他也以世界萬物皆可互補的平等關係（互性）為前提，批評所謂的上下尊卑和性別歧視。**

日本如今仍將農業視為重要產業，為了提高糧食自給率，也為了振興地方，從農業思考社會絕對有幫助。順著此脈絡重新檢視萬人直耕，或許是個不錯的做法。

石門心學（石田梅岩）

Point

現代也適用的職業倫理

江戶中期的思想家石田梅岩成立了一門學問，名為石門心學。目的是確立庶民的內在主體，以全國各地的心學講舍為據點，展現廣泛的影響力。心學即為「知心」的學問。

在這一點意義上，心學為每個人創造出平等的「一個小天地」，所有人都沒有身分差異，只有職業不同，可說是一種士農工商觀。**總而言之，每個人在這個世界上都有自己的職責，是平等的存在。**他將商人定位為「市井之臣」，認為商人追求正當利益是與生俱來的「正直」作為。此處的正直指的是毫不虛偽、正確誠實之意。

自豪地做出正確的行為也是現代社會對於商人的要求，因此，石門心學可說是最有用的日本式職業倫理。

報德思想（二宮尊德）

Point 美國也應效法的儉約之道

人應該清楚認知代表農田生產力的天地之德、父母之德與祖先之德，以自身之德加以回報，這就是人之道，亦即報德思想。尊德就是基於報德思想，提倡代表儉約的「分度」與代表儲蓄的「推讓」。

話說回來，雖說是儲蓄，但尊德的推讓不是為自己，而是為鄉里與國家儲蓄，相互扶助。基於上述思想，尊德用盡全力投入於農村社會的復興。其思想衍生出報德運動，對於明治以降的農村運動帶來極大影響。

事實上，美國歷史學家謝爾登・加隆（Sheldon Garon）也提倡報德思想，勸戒現代美國的消費社會。不過，不只是美國，現代日本也走向消費社會，日本人更應該隨時銘記在心。

Point

物哀（本居宣長）

日本原有的感性

日本國學家本居宣長認為「物哀」是日本特有的感性。**「物哀」指的是人類在面對某項事物時產生的純粹情感。**物哀的原文為「もののあはれ」，「あはれ」是結合日文感嘆詞「ああ」（啊）、「はれ」（哎呀）而成的詞彙。

也就是說，不違逆天生的情感，坦然地順從情感，才是最有人性的生存之道。根據宣長所說，唯有了解「物哀」的人，對於別人的悲傷才會感到同情與共鳴。

不可否認的，就算面對同一件事物，來自不同國家的人都會產生不一樣的反應，我也常有這樣的經驗。我唯一能說的是，日本人的心思最為敏感，或許正因如此，表現出來的反應才會最為細膩。日本人既然是了解「物哀」的珍貴人種，更應該在各個領域充分發揮這一點才是。

和魂洋才（佐久間象山）

Point　全球化時代的生存智慧

學習西學的佐久間象山熟知西方技術的卓越之處，他親眼目睹中國在鴉片戰爭中敗給英國的結果，因此大聲呼籲日本引進西方技術。

有鑑於此，象山提出「東洋道德、西洋藝術（技術）」的主張。**簡單**

來說，日本人應保持堅強的精神力，向西方學習技術。這就是名符其實的和魂洋才思想。

現代日本也吹起一股全球化浪潮，我們該如何因應？在面對此議題時，和魂洋才思想給了現代日本人很大的啟發。即使採用世界標準，也不能捨棄日本人的精神。相反的，若是連精神都被西方吞沒，日本就會分崩離析。套用象山的話，即為「日本道德、世界標準」。

Point 草莽崛起（吉田松陰）
一億總活躍社會的先驅

吉田松陰受到佐久間象山影響，想趁著第二次黑船來航時偷渡出國，可惜以失敗告終，在萩城入獄。之後在城松下村塾授課，教育英才。松陰曾說，我們面臨國家的危機，絕對不能只為自己考慮。對於他企圖偷渡出國一事，他認為這是身為「皇國之民」萬不得已的行為。

不僅如此，吉田松陰也**對意指在野庶民的草莽族群喊話，要他們共同奮起，站出來發聲**，這就是所謂的「草莽崛起」思想。最後他抱著「我不入地獄，誰入地獄」的決心，反抗大老井伊直弼，不幸在安政大獄鎮壓事件中遭到處決。

現代日本高喊「一億總活躍社會」口號，主張每位國民都應發揮自己力量的必要性。草莽崛起鼓吹所有人站出來，成為改變社會的主角，從這一點來看，若說草莽崛起是一億總活躍社會的先驅，一點也不為過。

天地公共之實理（橫井小楠）

Point
日本公共哲學始祖

幕末思想家橫井小楠標榜「天地公共之實理」，是這個時代中最早發表公共哲學見解之人。首先，所有國家都以「有道」之國與「無道」之國的概念區分，他認為遇到外國要求日本開國的情形，若是「有道」之國要求通信與貿易就不應該拒絕。如果拒絕便是違反了「天地公共之實理」。

此外，他不只批評日本的鎖國政策為「日本一國之私」，更大肆批判大國的殖民主義，主張應「從自己的利害關係看待事物」，國家與國家之間屬於互惠平等的關係，提出的觀點相當先進。

在歐美國家的推波助瀾下，現代日本的公共哲學這幾年愈來愈普及。**總的來說，天地公共之實理可說是公共哲學始祖**。因此，身為日本子孫，我們更應該抬頭挺胸實踐此思想，絕不能受限於狹隘的民族主義。

兩個J（內村鑑三）

Point

愛日本與愛世界的方法

身為基督徒與日本人，內村鑑三為了折衷這兩個身分，提出了「兩個J」概念。他說：「在我心中有兩字是最美的，這兩個字皆以J開頭，一個是耶穌（Jesus），另一個是日本（Japan），我稱之為兩個J（two J's）。」

此外，內村否定形式上的教會與儀式，認為人應該直接站在神的面前，主張無教會主義。這一點也與當時日本提倡獨立自尊不無關係。總而言之，為了達到獨立自尊，日本的基督教也要脫離外國教團，不依賴任何勢力。

日本的事物總給人與世上其他價值觀對立的感覺，事實上，我們在愛

日本的同時，也能毫無芥蒂地接受日本與世界的價值觀。我們還能從兩個J之中，學習到許多東西。

常民（柳田國男）

Point 對抗菁英主義的武器

常民是日本民俗學創始者柳田國男提出的概念，指的是傳承民俗的平民百姓階級。柳田重視口述與代代相傳的文獻資料，走遍日本各地收集史料。

在四處奔走的過程中，柳田發現了常民階級。常民來自英文的folk，根據柳田的說法，常民的概念不像大眾帶有政治色彩，可與知識分子分庭抗禮。**應該說常民才是支撐日本歷史的重要支柱。**

現代社會也存在著依照學歷、收入區分的階級，電視節目中高談闊論的知識分子一如往常地引領社會脈動。事實上，日本是由許多平民百姓所組成，絕不可忽略這一點。常民可說是對抗菁英主義的武器。從這一點來看，柳田的常民概念具有現代性的意義。

稀人（折口信夫）

Point
日本獨特的神祇概念

折口信夫不只是受到柳田國男影響的國文學家，也是一名歌人。折口最具代表性的思想概念就是稀人。**折口認為日本的神祇原像來自國家之外，因此以帶有客人之意的「稀人」稱之。**

此外，「稀」也帶有偶爾出現之意。折口造訪沖繩時，得知沖繩素有

「Nirai Kanai（理想之鄉）」信仰，眾神來自於海的彼岸。「Nirai Kanai」與古代日本的神祇本質相同。

不可否認的，現代社會也有眾神不時從遠地來訪的觀念，因此每當眾神來訪，民眾就會舉辦祭典迎接。平時並無宗教意識的日本人頗能接受稀人的說法。無論如何，我們必須記住以來訪神為主軸的文化與社會制度的觀念是日本獨有的思想。

絕對無（西田幾多郎）

Point

解開世上矛盾的關鍵

西田幾多郎提倡「絕對無的場所」，這是自我的根基與歸處，能讓我們超越自我。在主張「絕對矛盾的自我同一」的西田哲學中，絕對無是一把可以解開最難解概念的鑰匙。簡單來說，兩個絕對矛盾的東西若處於相同場所，彼此就會產生關係，發揮相互作用。原因在於透過絕對無這個媒介，兩者雖然矛盾卻能同時存在。

總的來說，**絕對無就是矛盾事物同時存在的概念上的共通基礎**。換言之，無是解開世上矛盾的關鍵。仔細想想，世界上的萬事萬物全都建立在矛盾上，絕對無才能成為世界的基礎。以無為基礎看待世界是日本特有的世界觀。

間柄（和辻哲郎）

Point

成為日本社會基礎的倫理

若要舉出一個象徵和辻倫理學的概念，第一個浮現在腦海裡的絕對是

「間柄」。所謂間柄，「以個人來說就是社會」，簡單地說就是互相支持的人際關係。話說回來，對和辻來說，倫理是「人間（人類）存在的理法」，亦即規範人際關係的原則。

存在於這個世界上的每一個人構成間柄，同樣的，也因為有了間柄，每個人才能是自己。這就是和辻構思的雙重關係。人活在自己與他人的關係裡，這是很嚴肅的事實。正因如此，和辻才會著眼於間柄。現代日本社會中，團體內的人際關係愈來愈淡薄，我們更應重新認識間柄這個思想的存在。人與人互相扶持天經地義，我認為當我們都正視這項事實，日本一定會再次獲得強大的力量。

粹（九鬼周造）

Point

帥氣十足的日本姿態

根據九鬼周造的說法，「粹」是誕生於江戶煙花地的美學意識，本質就在煙花女子和客人之間的男女關係裡。「粹」的構成要素包括「媚態」、「骨氣」、「死心」等三點。

媚態指的是鎖定某位異性，慢慢接近對方，但又不能讓距離的差距達到極限，也就是保持「可能的關係」的二元性態度。骨氣是不依賴異性的堅強內心。死心則是不執著，創造出新關係的帥氣態度。

由此可以看到九鬼的先見之明，他藉由對於戀愛或婚姻等制度的批判，試圖突破近代這個陷阱，也就是冠上理性主義之名，對於自由的剝奪。外界經常揶揄日本是美國的屬國，但如果每位日本人都像九鬼一樣，表現出更帥氣的「粹」的姿態，我相信一定可以改變現在的關係。

執拗低音（丸山真男）

Point

掌握日本社會本質的思考法

日本自古存在著各種思想，從佛教、神道到儒教，一直到融合西方思想為止，這些截然不同的思想在同一個國家裡交替更迭與變遷。由於這個緣故，我們無法將長久以來的日本哲學或日本思想，整齊排列在一條基準線上。不過，若從相同國家中的相同國民傳承思想與文化的事實來看，一定可以找到一些共通點。

丸山真男以「執拗低音」形容這些共通點，釐清接受與融合外來思想的運作機制。**在他的想像中，如日本本質般的事物不斷在底層發聲，與外**

來思想的音階交織出一首協奏曲。從這個角度來看，確實可以找到一條基準線，這就是丸山寫出日本思想史的原因。不只是思想，這也是精準掌握日本文化與日本社會特徵的思考法。

結語　西方哲學＋日本哲學＝全球化人才的思考力

或許有些讀者已經發現，本書是《提升職場決斷力的西洋哲學：從哲學史、名著到專門用語，掌握為工作加分的7大工具》的系列作。在西方社會，哲學，特別是西方哲學已成為必備知識，菁英分子都將哲學當成武器。有鑑於此，大家也應該好好學習西方哲學。這是我寫前一本書的初衷。幸運的是，許多讀者贊同我的觀點，前作在日本頗受歡迎，不斷再刷。

本書主題聚焦在日本哲學，最早回溯至《古事記》和聖德太子。相信各位讀完本書後，對於日本哲學應該有相當程度的認識。此外，第二章介紹了日本特有的思考法，如能親身實踐，今後在看待任何事物時也能充分發揮日本式思考法的優點。

培養日本哲學的學識是全球化人才不可或缺的武器，唯有壯大自己，

才能在世界舞台上奮戰。不過，日本哲學並非充分必要條件。因為我們還須學習大多數世界菁英熟悉的西方哲學。西方哲學不只在西方國家，在日本以外的亞洲各國，以及價值觀與西方不同的中東地區，都是一般民眾從小學習的知識。

有鑑於此，兼具普遍的西方哲學與獨特的日本哲學知識，能助大家更容易活躍於世界舞台。

舉個例子來說明。日本人該如何面對近年來困擾世界的移民問題？西方哲學基本上重視事物發展與擴大自由，或以追求自己的利益為目標。因此，只要是有助於經濟發展的事情，大多採取接受的態度。相對於此，就本書內容來看，日本哲學的觀點與西方哲學互為對照。簡單來說，日本哲學重視維持現狀勝過事物發展、重視擴大平等勝過擴大自由、追求利他與整體利益勝過追求自己的利益。

由於這個緣故，看待移民問題時不應在乎經濟利益，要展現海納百川的氣度。遺憾的是，日本依舊大門緊閉。有些人主張守護日本傳統，不應開放移民。事實上，自古以來，許多日本傳統都是受到海外影響而形成的。

若只學習西方哲學，在面對事情時，我們會從是否對日本經濟有利的角度看待，唯有有利的事情才去做；相反的，若只學習日本哲學，就會抱持開放的態度，勇於嘗試各種事情，而且還會指責西方的態度。這就是問題所在。

若能同時學習西方哲學與日本哲學，我們就能理解西方的思考方式，不再認為自己的觀點才是絕對唯一的。**為了在全球化社會生存下去，大家不僅要充分理解西方人的思考方法，有時也要學習對方的想法，必要時發揮日本哲學的獨特性，做出與他國人士截然不同的選擇。**

結合普遍性與特殊性才能產生個性。希望各位搭配前作閱讀本書，若有助於幫助各位成為獨樹一格的全球化人才，這也將是本人最大的榮幸。

撰寫本書時承蒙各界的幫助與關照，我要在此特別感謝繼前作之後，這次從構想到完成強力支持我的 PHP Editors Group 田畑博文先生。

最後，由衷感謝閱讀本書的各位讀者。

平成二十八（二〇一六）年一月

小川仁志

主要參考與引用文獻

子安宣邦監修《日本思想史辭典》Perikan 社、二〇〇一年

古田光、子安宣邦編《日本思想史讀本》東洋經濟新報社、一九七九年

佐藤弘夫編《概說　日本思想史》Minerva 書房、二〇〇五年

米原謙《日本政治思想》Minerva 書房、二〇〇七年

苅部直、片岡龍編《日本思想史 Handbook》新書館、二〇〇八年

西田毅編《概說　日本政治思想史》Minerva 書房、二〇〇九年

石毛忠等編《日本思想史辭典》山川出版、二〇〇九年

苅部直等編《日本思想史講座》全五卷、Perikan 社、二〇一二～二〇一六年

苅部直等編《岩波講座　日本的思想》全八卷、岩波書店、二〇一三～二〇一四年

松岡正剛《日本這個方法》NHK 出版、二〇〇六年

清水正之《日本思想全史》筑摩書房、二〇一四年

末木文美士《日本佛教史》新潮社、一九九六年

水上勉《何謂禪？》新潮社、一九八八年

高橋美由紀《神道思想史研究》Perikan社、二〇一三年
神野志隆光《古事記與日本書紀》講談社現代新書、一九九九年
菅野覺明《向武士道學習》日本武道館、二〇〇六年
土田健次郎《江戶的朱子學》筑摩書房、二〇一四年
中澤伸弘《淺讀國學》戎光祥出版、二〇〇六年
吉田俊純《水戶學與明治維新》吉川弘文館、二〇〇三年
大久保利謙《明六社》講談社、二〇〇七年
稲田雅樣《自由民權運動的系譜》吉川弘文館、二〇〇九年
松本健一《北一輝論》講談社、一九九六年
關岡英之《大川周明的大亞細亞主義》講談社、二〇〇七年
藤田正勝編《京都學派的哲學》昭和堂、二〇〇一年
田中久文《解讀日本的「哲學」》筑摩書房、二〇〇〇年
佐佐木敦《日本的思想》講談社、二〇〇九年
倉野憲司校注《古事記》岩波書店、一九六三年
宇治谷孟譯《全現代語譯　日本書紀》上・下、講談社、一九八八年
佐佐木信綱編《新訂　新訓　萬葉集》上・下、岩波書店、一九九一年
《弘法大師空海全集　第一卷》筑摩書房、一九八三年

紫式部《正譯　源氏物語　本文對照　第一冊》中野幸一譯、勉誠出版、二〇一五年
紫式部《正譯　源氏物語　本文對照　第二冊》中野幸一譯、勉誠出版、二〇一六年
吉田兼好《新訂　徒然草》岩波書店、一九八五年
山本常朝《葉隱》德間書店、一九八四年
本居宣長《古事記傳（一）》岩波書店、一九四〇年
本居宣長《古事記傳（二）》岩波書店、一九四一年
本居宣長《古事記傳（三）》岩波書店、一九四二年
本居宣長《古事記傳（四）》岩波書店、一九四四年
新渡戶稻造《武士道》岩波書店、一九三八年
福澤諭吉《學問之勸》岩波書店、一九七八年
《西周全集》第一卷、日本評論社、一九四五年
西田幾多郎《善之研究》岩波書店、一九五〇年
九鬼周造《偶然性的問題》岩波書店、二〇一二年
三木清《構想力的邏輯》岩波書店、一九三九年
和辻哲郎《風土》岩波書店、一九七九年
丸山真男《日本的思想》岩波書店、一九六一年
土居健郎《補增普及版　日本人的心理結構》弘文堂、二〇〇七年

吉本隆明《改訂新版　共同幻想論》角川書店、一九八二年
柄谷行人《日本近代文學的起源　原本》講談社、二〇〇九年
東浩紀《動物化的後現代》講壇社、二〇〇一年

國家圖書館出版品預行編目 (CIP) 資料

翻轉思考力的日本哲學 : 從哲學史、名著到專門用語 , 有助自我實現的 5 大工具 / 小川仁志著 ; 游韻馨譯 . -- 初版 . -- 新北市 : 遠足文化 , 2020.08

面； 公分

譯自 : 世界のエリートが学んでいる教養としての日本哲学

ISBN 978-986-508-071-6(平裝)

1. 日本哲學

131 109010765

翻轉思考力的日本哲學

從哲學史、名著到專門用語，有助自我實現的 5 大工具

世界のエリートが学んでいる教養としての日本哲学

作　　者 —— 小川仁志
譯　　者 —— 游韻馨
責　　編 —— 王育涵
總 編 輯 —— 李進文
執 行 長 —— 陳蕙慧

行銷企劃 —— 陳雅雯、尹子麟、余一霞
封面設計 —— 江孟達
封面插畫 —— Chia-Chi Yu / 達姆
內文排版 —— 簡單瑛設

社　　長 —— 郭重興
發行人兼出版總監 —— 曾大福
出 版 者 —— 遠足文化事業股份有限公司
地　　址 —— 231 新北市新店區民權路 108-2 號 9 樓
電　　話 —— (02)2218-1417
傳　　真 —— (02)2218-1142
郵撥帳號 —— 19504465
客服專線 —— 0800-221-029
客服信箱 —— service@bookrep.com.tw
網　　址 —— http://www.bookrep.com.tw
Facebook —— https://www.facebook.com/saikounippon/
法律顧問 —— 華洋法律事務所　蘇文生律師
印　　製 —— 呈靖彩藝有限公司

初版一刷 西元 2020 年 8 月
Printed in Taiwan